Das Schweigen der Unschuld

SOMALY MAM

Das Schweigen der Unschuld

Mein Weg aus der Kinderprostitution
und der Kampf gegen die Sex-Mafia in Asien

Aus dem Französischen
von Olaf Matthias Roth

Weltbild

Die französische Originalausgabe erschien 2005 unter
dem Titel *Le silence de l'innocence* bei Editions Anne Carrière.

In einigen Fällen wurden Namen von Personen und Orten geändert,
um die Sicherheit der betreffenden Frauen und Kinder nicht zu gefährden.

Das auf dem Cover abgebildete Mädchen ist mit keiner der im Buch beschriebenen Personen identisch. Als AIDS-Waise aus armen Verhältnissen gehört dieses Mädchen aber zu den gefährdeten Kindern. Zum Glück fand sie Aufnahme in Jeannine's Children Association (JCA), einem von Billy Barnaart gegründeten Heim für HIV-negative AIDS-Waisen, benannt nach seiner verstorbenen Frau Jeannine.

Besuchen Sie uns im Internet:
www.weltbild.de

Genehmigte Lizenzausgabe für Verlagsgruppe Weltbild GmbH,
Steinerne Furt, 86167 Augsburg

Übersetzung: Olaf Matthias Roth
Umschlaggestaltung: Atelier Seidel, Teising
Umschlagmotiv: © Kerstin Duell (Kind);
© Somaly Mam (Porträt der Autorin)
Gesamtherstellung: Bagel Roto-Offset GmbH & Co.KG,
Gewerbegebiet Sachsen-Anhalt Süd,
Kirchweg, 06721 Schleinitz
Printed in Germany

ISBN 978-3-8289-8731-9

2010 2009 2008 2007
Die letzte Jahreszahl gibt die aktuelle Lizenzausgabe an.

Für Pierre, ohne den es die *Afesip* nicht gäbe.

Inhaltsverzeichnis

Kindheit in den Bergen

Ich heisse Somaly, zumindest im Moment. Wie in Kambodscha üblich, hatte ich schon mehrere Namen. Für einen Namen entscheidet man sich nur vorübergehend. Man wechselt ihn so, wie man sein Leben ändert, zum Beispiel wenn einen ein Unglück ereilt hat. Ich kann mich jedoch an die Namen, die ich als Kind hatte, nur schlecht erinnern.

An meine frühe Kindheit erinnere ich mich ohnehin kaum. Ich weiß nicht viel über meine Herkunft, und das wenige habe ich anhand von nur vagen Erinnerungen rekonstruiert.

Ich wurde im Osten Kambodschas, im Dorf Bou Sra in der Provinz Mondolkiri geboren, nicht weit vom vietnamesischen Hochland entfernt. Dort habe ich auch meine ersten Lebensjahre verbracht. Es ist eine hügelige Landschaft mit Wäldern und Savanne, deren Bewohner als *Phnong* bezeichnet werden, was »Wilde« bedeutet. Sie gehören einem sehr alten Volksstamm an und gelten heute als »ethnische Minderheit«, wie die offizielle Sprachregelung lautet, doch das besagt nicht viel. Die Franzosen nannten sie »montagnards« – Bergbewohner. Die unterschiedlichen Ethnien der Zentralebene dagegen, die sich vom Reis der überschwemmten Felder ernähren, bezeichnen sich als Khmer. In den Bergen und auf den Hügeln um diese Ebene leben die Menschen von getrocknetem Reis und Waldfrüchten.

Auch heute noch fühle ich mich wie zu Hause, wenn ich Gelegenheit habe, in den Wald zu gehen; es kehren dann Gefühle zurück, die längst vergessen schienen. Ich erkenne die Gerüche wieder, die Pflanzen, und ich weiß auch, welche essbar sind. Mir sind zwar nicht alle Namen geläufig, aber mit der Nahrung kenne ich mich aus. So erinnere ich mich zum Beispiel, dass wir, da es uns an Salz fehlte, Fleisch mit allerlei möglichen Kräutern unter einer Ascheschicht brieten, denn Asche hat einen salzigen Geschmack.

Die Behausungen waren rund, hatten ein Gerüst aus Bambusstäben und zwei Eingänge. Dach und Wände bestanden aus Stroh. Einen Teil des Innenraums nahm ein großer Holzrost ein, auf dem wir schliefen und alles Mögliche ablegten. In der Nähe des einen Eingangs stand ein Herd; er strahlte ein wenig Wärme ab, denn die Nächte waren kalt. Ich erinnere mich, dass mir ständig kalt war, wir hatten aber auch kaum Kleidung. Die Männer trugen lediglich einen Lendenschurz und waren die meiste Zeit auf der Jagd. Künstliches Licht hatten wir nicht.

Damals, zu Beginn der 70er Jahre, gab es auch noch kein Geld. Was man so brauchte, suchte man sich eben in der Natur zusammen. Wollte man einen Kohlkopf, ging man zum Nachbarn, der welche angepflanzt hatte; er gab einem umstandslos einen ab. Heute ist es anders: Die Leute kommen mit ihren dicken Geländewagen aus Phnom Penh, um das Wochenende oder die Ferien hier zu verbringen, und haben bündelweise Geldscheine bei sich. Heute weiß jeder ganz genau, was Geld ist!

Wenn ich nach Mondolkiri zurückkehre, spüre ich, dass ich aus dem gleichen Holz geschnitzt bin wie die Leute aus der Gegend. Wir sind eine Art große Familie, und zu vielen Dorfbewohnern habe ich eine enge Beziehung. Bei meinem letzten Besuch in der Region kamen einige von ihnen etliche Kilometer zu Fuß gelaufen, um mich zu sehen. Wer dieser »Minderheit« angehört, hat sich eine innere Reinheit bewahrt. Sie schützt ihn davor, sich vom Geld und der so genannten Zivilisation in den Städten, die unsere traditionelle Moral untergräbt, bestechen zu lassen.

1994 war ich zusammen mit meinem Mann Pierre in Kratie, wo man uns von einem traditionellen Heiler erzählte, den man mir aufzusuchen empfahl. Ganz plötzlich wurde mir bewusst, dass ich ja auch zu den »ethnischen Minderheiten« gehörte. Der Mann wandte sich sofort in seiner Muttersprache an mich. Ich verstand ihn nicht, begriff aber dennoch, was er mir sagen wollte. Vielleicht war es eine Sprache, die der in Bou Sra gesprochenen ähnelte? Zum ersten Mal kamen Bruchstücke meiner Vergangenheit an die Oberfläche, und an jenem Abend konnte ich nicht einschlafen. Ich begann mir darüber klar zu werden, dass ich nicht wusste, woher ich kam oder wer ich war.

In jener Gegend unterscheidet sich die Nahrung völlig von derjenigen der Khmer, die sie übrigens auch nicht vertragen. Bei meiner Rückkehr nach fast fünfundzwanzigjähriger Abwesenheit war ich gespannt, wie die Leute dort mich wohl empfangen würden. Auf der Stelle erkannte ich jedoch ihre Nahrung wieder. Sie besteht aus in Kuhfladen gedörrtem Fleisch, scharfen Paprikaschoten und bitteren Bambussprossen. Man formt Kugeln daraus, die man in der Hand rollt und mit Reis isst. Dazu gibt es alle Arten von Waldkräutern. Als ich zum ersten Mal seit langem wieder diese Speise aß, verdarb ich mir prompt den Magen, weil ich zu viel davon verschlang.

Der Reis stammt von den örtlichen Feldern. Sie verdrängen den Wald, der abgebrannt wird. Doch der Boden ist rasch ausgelaugt, und schon nach wenigen Jahren muss man woanders nach fruchtbaren Böden suchen. Wir legten damals weite Strecken zurück – zumindest waren sie das für meine kurzen Beine –, um Reis aus den Bergen zu holen. Manchmal waren wir tagelang unterwegs. Wir trugen ihn in Körben auf dem Rücken, denn es gab weder Karren noch Zugtiere, wie man sie auf den überschwemmten Reisfeldern der Khmer sieht. Im Wald musste man ständig das Unterholz im Auge behalten, denn dort lauerten Schlangen. Kehre ich heute dorthin zurück, finde ich Pilze nur aufgrund ihres Geruchs. Wir fingen auch Insekten, um sie zu essen, Heuschrecken und Ameisen. Ich liebe Ameisen! Auf dem Land fühle ich mich zu Hause, sicher. In Phnom Penh dagegen, in der Großstadt, bleibe ich eine Fremde.

Wenn ich auf dem Land bin, kaufe ich Krüge mit Reiswein, um sie nach Hause mitzunehmen. Es ist ein gesundes Getränk, das nicht viel Alkohol enthält und mir sehr gut schmeckt. Man trinkt reihum aus einem Krug und benutzt dabei ein dünnes Bambusrohr, das als Strohhalm dient. Viele Kambodschaner, mit denen ich zusammenarbeite, vertragen keinen Reiswein: Sie bekommen Kopfschmerzen davon. Ich musste ihn schon als Kind trinken, vielleicht mag ich ihn deshalb. Später, in Kompong Cham, trank ich auch Alkohol mit den anderen. Bei den Khmer leben Frauen und Mädchen normalerweise abstinent, aber ich trank, um mich wichtig zu machen. Als Angehörige einer ethnischen Minderheit, die den Khmer als ungehobelt, naturverbunden und unberechenbar gilt, neigen wir oft dazu, uns aufzuspielen. Außerdem schreiben die Khmer uns Zauberkräfte zu, und wie in jedem Klischee steckt auch hierin ein Körnchen Wahrheit, allerdings wird auch eine Menge hineininterpretiert: Die Khmer halten die angeblich wilden Bergbewohner für Kannibalen, weshalb sie eine Heidenangst vor uns haben.

Es gab auch große Feste, bei denen ein Büffel geopfert wurde. Die Bewohner mehrerer Dörfer kamen zusammen und feierten tagelang, mit viel Reiswein. Wir tanzten und hatten unseren Spaß.

Und es gab Wasserfälle, deren Lärm noch immer in meinen Ohren dröhnt. Als Kinder badeten wir nackt am Fuß des Wasserfalls und waren außer Rand und Band bei unseren Spielen. Alles in allem habe ich gute, wenn auch recht vage Erinnerungen an diese Zeit. Es war eine andere Welt, ein ganz anderes Leben, als man es im Kambodscha der weiten Ebenen und der Flüsse kennt.

Die Bergbewohner sind sehr eigen. Wenn ihnen etwas nicht passt, packen sie zusammen und gehen. Ein neues Haus ist rasch gebaut. Meine Großmutter zum Beispiel, mit der ich meine früheste Kindheit verbracht habe, hat das Dorf verlassen. Niemand weiß, wo sie jetzt lebt. Eines Tages kam sie nach Phnom Penh. Zu der Zeit –

1992 – hatten Pierre und ich eine Bar, *L'ineptie*. Als ich vom Einkaufen zurückkam, erzählte er mir, es seien Bergbewohner mit vier oder fünf Elefanten vorbeigekommen und hätten nach mir gefragt. Wir durchkämmten die Stadt nach ihnen, vergeblich. Ich bin mir sicher, dass meine Großmutter mich besuchen wollte.

Meine Muttersprache habe ich verlernt. Wenn ich sie höre, erkenne ich ihren Klang, aber ich könnte sie nicht mehr sprechen. Später habe ich *cham* gelernt, von dem ich nur noch ein paar Brocken beherrsche, außerdem ein paar andere Sprachen, die ich aber auch nicht mehr kann.

In meinem Dorf wohnte ich bei einem Mann, der Taman hieß und mir einen Platz in seinem Haus hergerichtet hatte. Es war ein Cham, ein muslimischer Khmer. Außerdem erinnere ich mich an Pou Prang, einen anderen Dorfbewohner, der mir zu essen gab. Ich kann mich auch noch an andere Gesichter erinnern, ohne ihnen jedoch einen Namen zuordnen zu können. Nicht einmal den Namen meiner Großmutter weiß ich noch. Ich habe weder meinen Vater kennen gelernt, der ein Khmer sein muss, noch meine Mutter, die aus Bou Sra stammt. Wie alle Angehörigen dieser ethnischen Minderheit hatte sie dunkle Haut, einen kupferfarbenen Teint, den ich von ihr geerbt habe und der im Westen als schön empfunden wird, während ihn die Kambodschaner als »schwarz« bezeichnen und hässlich finden. In Kambodscha und in weiten Teilen Südostasiens spielt die Hautfarbe eine wichtige Rolle. Je heller die Hautfarbe, desto höher das Ansehen. Nichts finden die Männer dort begehrenswerter als eine dickliche Frau mit weißer Haut. Für ein Mädchen wie mich dagegen, klein, mager und dunkelhäutig, interessiert sich niemand. Die Angehörigen ethnischer Minderheiten, denen die Natur eine dunkle Hautfarbe beschert hat, oder auch die Bauern, deren Haut bei der Arbeit von der Sonne gebräunt wird, sind stets im Nachteil, wenn sie sich in den Städten Kambodschas verdingen wollen. Dort geben Chinesen mit hellem Teint den Ton an – und Kambodschaner, die sich eifrig die Haut mit Aufheller einreiben.

Heute, wo ich bekannt bin und auch etwas Geld habe, kommen alle möglichen alten Frauen zu mir und behaupten, meine Mutter zu sein: »Siehst du nicht, dass ich deine Mutter bin? Komm, du musst dir die Haut bleichen!« Doch wer ist meine Mutter? Mein Adoptivvater rät mir, in einen Spiegel zu schauen, bevor ich mir eine Mutter aussuche …

Oft frage ich mich, wer ich bin. Was man mir über meine leiblichen Eltern erzählt hat, das wenige, was ich weiß, entspricht vielleicht nicht der Wahrheit. Wenn ich im Ausland unterwegs bin, werde ich häufig gefragt, woher ich komme, ob ich aus Afrika stamme, aus Äthiopien oder eben Somalia. Es ist wohl nur ein Zufall, dass mein Name wie jenes afrikanische Land klingt. Ich selbst frage mich, ob nicht irgendwann einmal Ausländer nach Kambodscha gekommen sind … All das sind vielleicht nur Phantasievorstellungen, aber eins ist sicher: Ich möchte wissen, wer ich wirklich bin, und genau darauf finde ich keine Antwort. Zum Glück habe ich nicht viel Zeit, um mir darüber Gedanken zu machen.

Ich lebte wie ein Wildling, denn ich hatte keine richtige Familie. Ich schlief mal hier, mal da, aß mal bei den einen, dann bei den anderen. Mein Zuhause war überall und nirgends. Ich spielte mit den anderen Kindern und übernahm dieselben Aufgaben wie sie: Nahrung sammeln, Wasser holen. Ich sehnte mich nach einer Mutter, die mich in den Arm nahm und liebkoste, und ich war sehr unglücklich, dass ich keine hatte, so wie alle anderen. Meine einzigen Vertrauten waren die Bäume. Ich sprach zu ihnen und erzählte ihnen von meinem Unglück. Sie hörten mir zu, verstanden mich und gaben mir kleine Zeichen. Sie waren meine einzigen Freunde, sonst hatte ich keine, außer dem Mond. Ich war sicher, dass sie für sich behalten würden, was ich ihnen erzählte. Noch heute unterhalte ich mich mit den Bäumen. Wenn es mir sehr schlecht ging, vertraute ich mich den Wasserfällen an. Das Wasser, dem ich mich anvertraut hatte, konnte ja schlecht wieder zurückfließen und weitersagen, was ich erzählt hatte. Natürlich hätte ich mich am liebsten meiner Mutter anvertraut. Mit meiner Adoptivmutter, die ich später hatte, konnte man nicht reden, sie redete ungern. Sie war eine mürrische Chinesin, die ihre eigenen Töchter verprügelte, vor allem, wenn sie bemerkte, dass sie sich in einen Jungen verguckt hatten – das war absolut verboten.

Ich habe meine Kindheit in dem Gebirgsdorf zwar unter dem Regime von Pol Pot verbracht, doch ich kann mich nicht erinnern, je Soldaten der Roten Khmer zu Gesicht bekommen zu haben. Wir lebten seit eh und je in einer Gemeinschaft, jeder verhielt sich solidarisch, und deshalb drangen die Roten Khmer nicht in unsere entlegenen, armen, dünn besiedelten Gebiete vor, die nichts Besonderes boten und den Staat noch nie interessiert hatten. Noch nie war ein Arzt in unser Dorf gekommen, ja, nicht einmal ein Krankenpfleger, ein buddhistischer Priester oder ein Lehrer. Wir waren ganz auf uns selbst gestellt.

Eines Tages aber, ich war etwa zehn Jahre alt, teilte mir Taman, den ich »Onkel« nannte, mit, ich würde einem alten Mann aus seiner Verwandtschaft anvertraut, der nun zu meinem »Großvater« würde. Dieser »Großvater«, ein Cham, handelte mit *klom tian*, einer Essenz aus Sandelholz, das bei uns gelegentlich in den Wäldern zu finden ist. Er hatte mich gesehen, Gefallen an mir gefunden und Taman gefragt, ob er mich adoptieren könne. Ich dachte, wenn ich mit ihm ginge, könnte ich vielleicht meine Eltern finden. Ich freute mich sehr.

Anfangs mochte ich den »Großvater«, denn in meinem kurzen Leben hatte sich noch nie jemand um mich gekümmert. Wir machten eine lange Reise, die uns bis nach Vietnam führte, auf die Hochebene von Dalat. Von dort ging es wieder hinunter nach Saigon und über die Nationalstraße Nr. 1 wieder zurück nach Kambodscha, nach Bavet. Ich weiß nicht, wie lange wir unterwegs waren. Und mit so etwas wie Pässen, um die Grenze zu passieren, gaben wir uns nicht ab. Die vielen fremden Orte und Gesichter verschlugen mir die Sprache. Schließlich brachte »Großvater« mich in das Dorf Thloc Chhroy, nicht weit von Kompong Cham, einem Landstädtchen inmitten der Ebene, am Ufer des Mekong.

In dem Dorf war ich nicht wohlgelitten, vor allem, weil die Einheimischen mich hässlich fanden und als Schwarze ansahen. Mit meiner dunklen Haut und meinen langen Haaren hielten sie mich für eine Wilde, die von einem Baum gefallen war. Sie beschimpften mich, wenn ich auf der Straße an ihnen vorbeiging, sagten, ich hätte keinen Vater. Im Laufe der Zeit wurde mir klar, dass ich durch einen ungeheuren Zufall ausgerechnet in dem Dorf gelandet war, aus dem mein biologischer Vater stammte. Viele Leute behaupten, er sei unter Pol Pot verschwunden, ungefähr 1972, als ich ein oder zwei Jahre alt war. Es war eine Zeit des Kriegs und der Revolution; viele Menschen sind im Strudel der Ereignisse damals spurlos verschwunden.

Ich erinnere mich an einen Tag, an dem es regnete und kalt war; ich sah Kinder, die sich zum Schlafen an ihre Eltern schmiegten. Ich dagegen war allein, bis aufs Mark durchgefroren und zitterte. Ich weinte. Wenn ich meine Eltern je finden sollte, so nahm ich mir vor, würde ich sie ohrfeigen und dann umbringen. Sie hatten mir keine Liebe gegeben. So empfinde ich es noch heute, vielleicht sogar stärker als damals. Ich habe Nachforschungen anstellen lassen, um sie wieder zu finden, und auch die in den 80er Jahren ins Ausland emigrierten Kambodschaner einbezogen. Doch mein Adoptivvater gab mir diesen für einen Khmer typischen Rat: »Tu dir nicht selber weh; man soll die Vergangenheit nicht erforschen.« Diesen Ratschlag habe ich schließlich beherzigt. Sicher weiß er, was wirklich geschehen ist, er hat aber nie mit mir darüber gesprochen. Und seit der Geburt meines ersten Kindes spüre ich auch nicht mehr dieses quälende Verlangen, meine Eltern ausfindig zu machen.

Im Dorf hatte ich zunächst Schwierigkeiten, die Nahrung zu verdauen, vor allem den *prahoc*, jene vergorene Fischpaste, nach der die Kambodschaner verrückt sind. Mein Essen musste ich mir durch Arbeit für den »Großvater« verdienen. Die Arbeit bestand aus Wasserholen am Fluss, Wäschewaschen, Einkaufen. Im Grunde war ich so etwas wie eine Sklavin. Man hatte mich an diesen alten Mann, der weder Frau noch Familie besaß, verkauft. Später erfuhr ich, dass es in Kambodscha üblich war, Haussklaven in den benachbarten Bergregionen zu suchen. Selbstverständlich hatte der Sklave die niedrigste Stellung in der Familienhierarchie inne und wurde streng behandelt, so wollte es das ungeschriebene Gesetz.

Der Handel des »Großvaters« florierte nicht gerade; er verlor Geld beim Kartenspiel, und obwohl er Moslem war, trank er. Niemand wusste, woher er kam. Er sprach Cham, Khmer, Vietnamesisch und Chinesisch. Er war viel herumgekommen, ein Bärtiger mit weißem Haar, an die fünfzig Jahre alt, was bei uns ein biblisches Alter ist. Wenn er sich betrinken wollte und wieder einmal kein Geld hatte, griff er zum Peddigrohr und schlug mich damit, was schrecklich wehtat. Um ein bisschen Kleingeld zu verdienen, musste ich auch bei anderen arbeiten und für sie das Wasser herbeischleppen. Man ging zum Fluss und füllte Eimer und kippte ihren Inhalt dann in die Krüge, die als häusliche Vorratsbehälter dienten. Der Fluss war nicht weit, konnte aber nur über eine hohe Uferböschung aus Lehm erreicht werden. Ich trug die Eimer an einem Stock, den ich mir über die Schultern legte. Anfangs hatte ich Schwierigkeiten, die Böschung zu überwinden, ich rutschte aus, fiel hin, die scharfen Kanten an den Rändern der Eimer schnitten mir in die Beine, sie waren zu schwer für mich. Meine Füße bluteten und waren lehmverschmiert; niemand half mir. Dann entzündeten sie sich, Eiter tropfte aus den Wunden. Ich fürchtete, meine Füße würden verfaulen. Da es keine Medikamente gab, kochte ich Tamarindenblätter auf, gab Salz hinzu und nahm ein Fußbad. Ich wollte nicht weiterarbeiten, doch »Großvater« zwang mich. Er brauchte das wenige Geld, das ich auf diese Weise verdiente: Zehn Riel bekam ich, wenn ich einen Krug gefüllt hatte – ein erbärmlicher Lohn!

Ich musste auch Reis ernten und stand stundenlang im Schlamm. Einen ganzen Monat dauerte dieser Albtraum. Ich stand um vier Uhr morgens auf, um die Krüge mehrerer Familien zu füllen, und abends machte ich Reismehl, das als Grundlage zur Herstellung der Nudeln für die *ku-tieu*-Suppe diente, die auf der Straße verkauft wurde. Damals wurde noch alles von Hand gemacht. Es gab keinen Strom, keine Elektrogeräte. Der Reis wurde auf einen festen Mahlstein gegeben und von einem kleinen, beweglichen Mahlstein zerrieben. Diese Steine waren schwer für ein Kind von zehn Jahren, doch die Geldscheine, die der »Großvater« brauchte, mussten ja irgendwie verdient werden. Ich war erschöpft und ausgelaugt, doch mir blieb keine andere Wahl.

Wenn ich Gelegenheit dazu hatte, fuhr ich mit dem Boot auf den Fluss hinaus, um zu angeln. Der Verkauf der Fische brachte ein paar Riel ein. Der »Großvater« arbeitete nicht, sondern wartete darauf, dass ich ihm das Geld brachte. Die Männer arbeiten in dieser Gesellschaft sowieso kaum: An ein paar Tagen im Jahr pflügen sie die Reisfelder oder gehen auf Fischfang, den Rest erledigen die Frauen: Reis pflanzen, die Reisfelder bewässern und sich gleichzeitig um Kinder und Haushalt kümmern, Wasser holen und die Wäsche waschen. Die Männer dagegen schlafen und spielen Karten.

In der Nachbarschaft wohnte eine Familie, bei der ich essen und schlafen konnte. Ich war dort gut aufgehoben. Es handelte sich um die Familie des Lehrers, Mam Khon, der angeblich mein Onkel väterlicherseits war; vielleicht wusste er, dass ich seine Nichte war, vielleicht war er sich aber auch nicht sicher. Er sagte mir nur, dass ich meinem Vater ähnelte und wie er einen schlechten Charakter hätte. Offensichtlich hat mein biologischer Vater ein ziemlich unsolides Leben geführt; in diesem Fall wollte man mich wohl schützen, indem man mir nichts von ihm erzählte. Hätte ich nämlich erfahren, was für ein Mensch mein Vater gewesen war und welche Fehler er gemacht hatte, wären sie auf mich übergegangen und ich hätte die Verantwortung dafür übernehmen müssen. Unwissenheit aber verhindert diese Übertragung – das, was die Buddhisten *karma* nennen, Schicksal.

Mam Khon war ein grundgütiger Mensch, der mittellose Kinder bei sich aufnahm. Es lebten eine Menge Kinder bei ihm, fremde und eigene, und nun kam ich noch hinzu. Eines Tages suchte er den »Großvater« auf und bat ihn, mich zur Schule gehen zu lassen. Der alte Mann willigte ein, unter der Bedingung, dass sich dadurch für ihn nichts änderte. Also stand ich um drei Uhr nachts auf, holte Wasser, wusch mich und ging von sieben bis elf Uhr zur Schule. Nachmittags arbeitete ich dann wieder, und abends mahlte ich Reis. Auf diese Weise habe ich Khmer gelernt und meine Muttersprache völlig vergessen, denn niemand sprach sie in Thloc Chhroy.

Ich weiß noch, wie stolz ich war, als ich zum ersten Mal meine marineblaue Schuluniform und die weiße Bluse anzog, die vor mir schon mehrere Generationen von Schülerinnen getragen hatten. Endlich war ich wie alle anderen auch. Die Beleidigungen, die man mir auf der Straße nachrief, galten in der Schule nichts mehr. Ich lernte schnell und viel. Ich liebte den Unterricht. Oft hielt ich mich im Haus des Lehrers auf, der mich wie sein eigenes Kind behandelte. Seit jener Zeit nenne ich ihn »Vater«. Heute, fünfundzwanzig Jahre später, stehen wir immer noch in engem Kontakt.

Das Ende der Unschuld

Das Leben hätte so weitergehen können, wäre der »Großvater« nicht dem Alkohol verfallen gewesen. Seine Geschäfte gingen immer schlechter, und er hatte Geld verliehen, das er nicht zurückbekam. Der Gedanke, dass er sich deshalb keinen Alkohol kaufen konnte, brachte ihn zur Raserei. Er fesselte mich, griff nach dem Rohrstock und drosch wie wild auf mich ein. Es war die Hölle. Ich riss aus und kam nur noch ins Haus, um ihm Wasser zu bringen und das Geld, das ich nach wie vor für ihn verdiente. Die übrige Zeit war ich in der Schule oder beim Lehrer, wo ich auch schlief. Oder ich legte mich am Ufer des Flusses schlafen. Der glitzernde Widerschein des Mondes auf dem Wasser beruhigte mich, und manchmal konnte ich in einem der Fischerboote schlafen, die während der Nacht an den Pfahlbauten festgezurrt waren.

Dieses Leben führte ich mehrere Jahre lang. Ich lernte Lesen und Schreiben. Bedenkt man, dass ich nur zwei bis drei Stunden Unterricht täglich hatte, machte ich beträchtliche Fortschritte. Meine anfängliche Scheu war verflogen. Zu Beginn hatte ich mich vor den anderen gefürchtet, weil ich nicht so war wie sie. Die Chinesen im Dorf, die sich für etwas Besseres hielten und mich *khmoue* oder »Neger« nannten, waren der Ansicht, dass jemand, der nicht mindestens Halbchinese war, automatisch weniger aufgeweckt und intelligent sein musste. Also legte ich mich ins Zeug und wurde Klassenbeste. Das war noch zu kommunistischen Zeiten, und die besten Schüler bekamen als Belohnung Stoff, Milch oder Reis. Im Tanzunterricht – wir erlernten die traditionellen kambodschanischen Tänze – fand man, dass die Schminke auf meiner dunklen Haut besonders gut zur Geltung kam. Auf einmal fand man mich hübsch, allerdings nicht morgens in der Schule, sondern abends beim Tanz!

Nachmittags blieb ich im Haus des Lehrers und schwatzte mit den anderen Mädchen oder seiner Frau, einer recht strengen Person, zu der ich nie einen persönlichen Bezug hatte. Es war eine richtige kambodschanische Familie, was bedeutet, dass über private Dinge nicht gesprochen wurde. Das wäre nicht nur als unschicklich empfunden worden, sondern auch als Zeichen von Schwäche. Auf diese Weise hätte man seinen Mitmenschen und auch den bösen Geistern ein Mittel an die Hand gegeben, einen zu hänseln und zu quälen. Man gibt nie etwas von sich selbst preis, weder privat noch öffentlich. Einmal hörte ich einen alten Mann sagen: »Wir Kambodschaner sind wie die Frösche des Königs. Wenn der König es befiehlt, heben wir den Kopf aus dem Wasser und fangen an zu quaken. Und auf sein Zeichen hin tauchen wir auch wieder unter. Hebt jemand jedoch den Kopf, ohne dazu aufgefordert worden zu sein, schneidet der König ihn mit seinem großen Säbel ab.« So ist Kambodscha!

Als ich älter wurde und Probleme mit Männern bekam, konnte ich deshalb nicht mit der Familie des Lehrers darüber reden. Eines Tages versuchte der »Großvater«, meine inzwischen schon sichtbaren Brüste zu berühren. Ich glaube, er wollte mich vergewaltigen. Was er vorhatte, wusste ich nicht, doch ich ergriff die Flucht und mied ihn fortan, wo ich nur konnte.

Eines Tages, im Dezember 1982 – ich war damals etwa zwölf Jahre alt –, trug er mir auf, Petroleum bei dem chinesischen Kaufmann zu besorgen, der alles für den täglichen Bedarf bereithielt. Dieser Mann handelte mit Reis und verlieh Geld zu Wucherzinsen. Der Wunsch des »Großvaters« schien harmlos, denn es gab ja keinen Strom, und so benutzte jeder Petroleumlampen. Ich kannte den Chinesen gut und kaufte oft bei ihm ein. Ab und zu gab er mir Bonbons oder Gebäck. Er war ein allseits geachteter Mann. An jenem Tag war seine Frau jedoch nicht da. Er bat mich ins Hinterzimmer des Ladens, um mir Kuchen anzubieten. Plötzlich packte er mich mit eisernem Griff, gab mir eine schallende Ohrfeige, riss meine Kleider herunter und warf mich rücklings auf einen Sack Reis. Und dann vergewaltigte er mich. Anschließend drohte er: »Wenn du weinst oder irgendjemandem davon erzählst, drehe ich dir den Hals um. Dein Großvater schuldet mir sowieso viel Geld. Wenn du es ihm erzählst, wird er dich schlagen, also halt den Mund!« Der Chinese wollte mir ein paar Münzen schenken, doch ich lehnte ab und rannte davon. Ich hatte Schmerzen, ich blutete, vor Scham wäre ich am liebsten im Boden versunken. Ich begriff nicht, was da gerade passiert war.

An diesem Abend schlug mich der »Großvater« vor Wut über meine Verspätung, bis ich blutete.

Heute kann ich das, was da geschah, mit Worten beschreiben und sagen: Es war eine Vergewaltigung. Damals begriff ich nichts, nur dass ich zu schweigen hatte, dass dies etwas war, worüber ich niemals reden durfte. Nicht nur wegen der Angst, die mir der Chinese eingejagt hatte, sondern auch, weil diese Dinge in einer Khmer-Familie unaussprechlich waren. Bis heute habe ich es meinem Adoptivvater nicht erzählt. Ich fühlte mich wohl in dieser Familie und wusste: Sobald ich den Mund öffne, werde ich Prügel beziehen. Ich musste meinen Schmerz, meine Verwundung für mich behalten, musste mich heimlich waschen, um mich von dieser Schande zu reinigen, die im Grunde heute noch an mir haftet. Manchmal denke ich nicht daran, doch die Erinnerung ist sofort wieder lebendig, wenn ich die sexuelle Gewalt sehe, die anscheinend überall um mich herum an der Tagesordnung war.

Ich weigerte mich zu sprechen oder Khmer zu verstehen. Ich errichtete eine Mauer des Schweigens um mich herum, lebte wie eine Taubstumme. Ich verbrachte eine schlaflose Nacht unter einem großen Mangobaum und vertraute ihm mein Leid an, meine Abscheu vor den bösen Kambodschanern und vor allem vor den Chinesen, die mich ständig beschimpften oder mir wehtaten.

Der Kaufmann war auch nicht schlimmer als die anderen. Er hatte mir ja sogar manchmal etwas Gutes getan. Als ich ihn wieder sah, schien er gar nicht an den »Vorfall« zu denken oder tat so, als hätte er ihn vergessen. Zumindest ließ er mich von da an in Ruhe.

Trotzdem weigerte ich mich zu ihm zu gehen, als der »Großvater« das nächste Mal von mir verlangte, Petroleum zu besorgen. Er wurde wütend, fesselte und schlug mich.

Dann suchte er rote Ameisen, deren Bisse noch wochenlang schmerzen. Nur bruchstückhaft sind mir diese entsetzlichen Geschehnisse in Erinnerung geblieben; ich will mich nicht an jede Einzelheit erinnern.

Eines Tages wurde er plötzlich ganz freundlich, nachdem er mich geschlagen hatte, und bat mich, ihm etwas zu essen zu bereiten. Ich ging zum Markt und kaufte ein Stück Schweinefleisch, das ich ihm ins Essen mischte, obwohl er Moslem war. Damals hätte ich ihn am liebsten umgebracht. Er hatte mir sein wahres Gesicht gezeigt: Das Böse drang ihm aus allen Poren. Er behauptete, ich brächte ihm Unglück. Seit ich bei ihm sei, sagte er, gingen seine Geschäfte immer schlechter. Es war meine Schuld, alles war meine Schuld.

Niemand störte sich daran, dass ich ab und zu geschlagen wurde, denn ich war ja eine »schwarze Wilde«. Eines Tages, als ich bei einer alten Frau abwusch, hatte ich plötzlich ein Flimmern vor den Augen und ließ ein Glas fallen. Die Frau griff nach einem Stock und prügelte wie eine Furie auf mich ein. Mein Rücken war blutüberströmt. In der Schule konnte ich mich nicht hinsetzen, so wund war meine Haut. Ich bekam hohes Fieber, und meine Adoptiveltern versuchten mir zu helfen. Sie wollten mir das Hemd ausziehen, um mich auf traditionelle Weise zu heilen, mit *moxa*, wobei die Haut mit einem Beifußstängel oder einer kleinen Menge Blütenstaub dieser Pflanze in Berührung gebracht wird, was entsetzlich brennt. Ich war bereit, Medikamente einzunehmen, weigerte mich aber, meine Wunden zu zeigen. Vor Schmerzen hatte ich Tränen in den Augen. Vater erklärte mir, man müsse lernen, Leiden zu erdulden; alles was man tun könne, sei dazuzulernen, sich zu bilden und Bücher zu lesen, um so die Ursachen des Leids zu vermeiden.

Außer meinen Adoptiveltern war nur eine alte Frau, mit der ich mich ab und zu unterhielt, freundlich zu mir. Ich fragte sie, warum die Kambodschaner so böse zu den »schwarzen Wilden« seien, warum sie behaupteten, wir seien Kannibalen. Als ich bei diesen so genannten Wilden lebte, hatte ich nie Prügel bezogen. Wer also waren die eigentlichen Wilden? Kinder schlug man ja überall, aus geringstem Anlass. Niemand achtete darauf. Ich für meinen Teil misstraue sogar den Menschen, die ich liebe. Ich vertraue niemandem. Absolut niemandem.

Nach ein paar Tagen mit hohem Fieber bekam ich Bauchschmerzen. Die ganze Zeit tat mir der Bauch weh. Wieder behandelte man mich mit *moxa*. Das brannte so sehr, dass ich es schließlich nicht mehr sagte, wenn mir wieder der Bauch wehtat. Die Brandmale entzünden sich nämlich, es ist grauenvoll. So habe ich gelernt, dass man um jeden Preis schweigen muss.

Manchmal streiften die Roten Khmer durch unser Dorf, aber ohne Aufsehen zu erregen oder irgendeinen Schaden anzurichten. Sie redeten mit den Erwachsenen, das war alles. Sie lebten unter vietnamesischer Besatzung im Dschungel. Über die vietnamesischen Militärs konnten wir uns auch nicht beklagen, sie verhielten sich korrekt und waren oft sogar freundlich. Uns Kindern schenkten sie hin und wieder etwas zu essen. Ich mochte sie.

1987 kehrte ich für ein paar Tage in das Dorf zurück. Ausgerechnet zu diesem Zeitpunkt kamen die Roten

Khmer aus dem Dschungel zu meinem Adoptivvater, der wegen Korruption angeklagt war. Sie nahmen ihn fest und fesselten ihn vor unseren Augen. Ich weiß nicht, was man ihm vorwarf, vielleicht nur, dass er Lehrer war, ein Funktionär des Regimes von Heng Samrins, der zu Beginn des Jahres 1979 von den Vietnamesen eingesetzt worden war, nachdem sie Pol Pot entmachtet hatten. Jedenfalls kam ihr Anführer hinzu, ein Mann namens Somnang. Er bestätigte, ein ehemaliger Schüler meines Adoptivvaters zu sein und schenkte den Anschuldigungen keinen Glauben. Bei dem Ankläger handelte es sich um einen Kollegen meines Vaters, der offenbar neidisch war. Dennoch zerstörten die Roten Khmer sein Haus, bevor sie wieder abzogen. Ich hatte große Angst. Alle hatten wir große Angst. Endlich hatte ich einen Vater gefunden – nun wollte ich ihn nicht wieder verlieren.

Zu Zeiten der kommunistischen Nachfolgeregierung der Roten Khmer wurden wir in der Schule aufgefordert zu beschreiben, was uns unter Pol Pot Schlimmes widerfahren war. Ich hatte damals in meinem Dorf in Mondolkiri gelebt und war den Roten Khmer nie begegnet. Also gab ich ein weißes Blatt ab – und wurde bestraft.

Mein Adoptivvater hatte zu den Issarak gehört, den Partisanen, die am Ende der Kolonialzeit gegen Frankreich gekämpft hatten. Als die südvietnamesischen Soldaten 1970 ins Land einfielen, während der Regierungszeit von Thieu-Ky, nahmen sie diesen fest und brachten ihn ins Gefängnis. Er war damals Direktor der Schule, und alle Dorfbewohner protestierten dagegen. Unter den Roten Khmer musste Vater sich um die Büffel in den Pflanzungen kümmern. Er hat alle Dramen, die sich in unserem Land abgespielt haben, am eigenen Leib erlebt.

1997 wurde sein Haus von der Mafia niedergebrannt, wegen mir, um ihn für meine Aktivitäten zu bestrafen. Daher ließ ich ihn nach Phnom Penh kommen und verschaffte ihm eine bescheidene Arbeitsstelle bei unserer Hilfsorganisation *Afesip*. Er hat ein Haus und ein Auto, seine Frau lebt bei ihm. Jetzt sagt er: »Es ist gut. Begraben wir die Vergangenheit. Mir bleiben nur noch ein paar Jahre, die möchte ich so friedlich wie möglich verleben.« Wie so viele Kambodschaner seiner Generation weigert er sich, die Vergangenheit zu verarbeiten, und schließt die Erinnerungen in seinem Herzen ein.

Eines Tages, als die Roten Khmer in der Umgebung umherstreiften, schossen die Regierungstreuen blind in die Gegend. Wir versteckten uns und warteten auf das Ende des Gefechts. Die Kugeln sausten über unsere Köpfe hinweg. Einer meiner Klassenkameraden ging den Büffel suchen, auf den er aufzupassen hatte. Er war taubstumm und merkte nicht, was um ihn herum geschah; vielleicht war er auch in Sorge um das Tier. Die Regierungstreuen hielten ihn für einen Roten Khmer. Sie nahmen ihn fest und schlugen ihm vor unseren Augen den Kopf ab – noch heute habe ich das entsetzliche Bild vor Augen.

Den Krieg erlebten wir hautnah. Wir wohnten nicht weit von einem Krankenhaus entfernt, in das die Verwundeten und Toten der vietnamesischen Armee eingeliefert wurden. Die Leichen wurden in Särge gelegt und anschließend mit Lastwagen abtransportiert. Ich empfand Mitleid mit den Verwundeten: Einer war auf seinen zwei Beinen angekommen; als er wieder ging, hatte er nur noch eins. Die Soldaten behandelten uns für gewöhnlich wohlwollend. Zu ihrer Ration gehörten auch Milch und Zucker – und die teilten sie mit uns. Milch! Für ein großes Glas Milch hätte ich alles gegeben! Diese Männer waren da, um uns zu beschützen. Mir waren sie von Anfang an sympathisch, insbesondere diejenigen, mit denen wir persönlichen Kontakt hatten. Waren sie freundlich zu uns, waren wir es auch – egal, zu welcher Seite sie gehörten. Wir verstanden nichts von den Wechselfällen der Politik. Ab und zu mussten wir die Reisfelder fluten, damit die jungen Pflanzen Wasser bekamen. Rote Khmer kamen aus dem Wald hinzu, junge Bauern wie wir, und halfen uns bei der Arbeit. Wir unterhielten uns ganz ungezwungen, als wären wir Nachbarn.

Heutzutage geht es dem Land wirtschaftlich viel besser, dennoch darf man nicht vergessen, dass in dem Chaos bei uns nur eine einzige Regel gilt: Jeder für sich. Die Machthabenden verstehen sich nicht darauf, Entscheidungen für das Gemeinwohl zu treffen. Unter den Roten Khmer herrschte allgemeiner Mangel, doch es ging gerecht zu. Wie viele Menschen hier denke auch ich, dass das Regime der Roten Khmer länger Bestand gehabt hätte, wenn sie nicht so viele Leute umgebracht hätten und wenn es nicht die Hungersnot gegeben hätte. Unter der kommunistischen Regierung, die 1979 auf Pol Pot folgte, konnte ich zur Schule gehen, obwohl ich so arm war. Heute wäre das nicht mehr möglich, denn man muss dafür bezahlen. Damals wurde der beste – und das hieß: der fleißigste – Schüler belohnt. Heute muss der Schüler bezahlen, und sein Geld ist zuweilen sogar ein Mittel, mit dem er Druck auf den Lehrer ausübt.

Es stimmt zwar, dass die Roten Khmer, ohne lange zu überlegen, Menschen umbrachten. Täglich sehen wir

Beispiele dafür. Auch ist es hier schwierig, zwischen Gut und Böse zu unterscheiden. Hier sagen einem die Leute nie die Wahrheit ins Gesicht. Wenn sie vor einem stehen, überhäufen sie einen mit Komplimenten, doch kaum kehrt man ihnen den Rücken, behaupten sie das Gegenteil und wünschen einem den Tod. Schlimmer noch als die Khmer verhalten sich die Chinesen. Viele von ihnen beschimpfen uns und behandeln uns wie Aussätzige, die Unglück bringen. Sie sind einfach gemein zu uns. Ich weiß nicht, wie die Chinesen in China sind, aber in Kambodscha habe ich sie so kennen gelernt.

Einmal brachte mich der »Großvater« in ein Dorf in der Provinz Prey Veng, wo er Verwandte hatte. Dort ließ er mich eine Weile zurück. Die Khmer-Bauern nahmen mich unglaublich freundlich auf. Wir hatten alle dieselbe Hautfarbe, es gab keinen Rassismus. Ausnahmslos alle behandelten mich zuvorkommend – ein auffallender Kontrast zu meinem Leben in Thloc Chhroy.

Eine Zwangsgemeinschaft

Als ich vierzehn oder fünfzehn war, teilte mir der »Großvater« mit, er habe einen Ehemann für mich gefunden. Es würde keine großartige Hochzeit geben, nur eine kleine Zeremonie. Der Ehemann, Than, zwölf Jahre älter als ich, war ein junger Militärangehöriger, dem er Geld schuldete. Ich brauchte nur mein Bündel zu packen und ihm zu folgen.

Man wird sich fragen: Warum musste ich dem alten Mann gehorchen, der ja gar nicht mein richtiger Großvater war? Doch so ist es eben in Kambodscha: Er hatte mich bei sich aufgenommen und ernährt wie eine arme junge Verwandte, also schuldete ich ihm Respekt und Dankbarkeit und musste darüber hinwegsehen, dass er mich immer so schlecht behandelt hatte. In kambodschanischen Familien sind diese Misshandlungen so weit verbreitet, dass man sie für normal hält. Ich hatte kein Recht, gegen seine Entscheidung aufzubegehren. Vor allem als Frau ist man zum Gehorsam verpflichtet; wer nicht gehorcht, wird bestraft oder sogar – weshalb denn nicht? – zu Tode geprügelt. Freiheit gibt es nicht, und persönliche Freiheit erst recht nicht.

Unter der Regierung, die auf Pol Pot folgte und zumindest in der Theorie kommunistisch war, wurden Landwirtschaftskooperativen sowie die Bildung von »Solidaritätsgruppen« (*samakki*) gefördert. In Wirklichkeit formierte sich unter diesem Deckmantel die traditionelle kambodschanische Gesellschaft nur oberflächlich um, und überall setzten sich die Sitten der Vorfahren wieder durch. Die Alten erteilten den Jüngeren Befehle, und niemand wäre auf den Gedanken gekommen, die so getroffenen Entscheidungen in Frage zu stellen. Spricht eine Frau ihren Mann an, nennt sie ihn »großer Bruder«, und er nennt sie »kleine Schwester«. Streng hierarchische Beziehungen sind an der Tagesordnung. Wenn sich zwei Kambodschaner begegnen, versuchen sie zuerst, den sozialen Rang ihres Gegenübers zu taxieren; derjenige, der sich als niedriger einschätzt, erweist dem anderen, dem »Älteren«, sofort seinen Respekt – egal, wie alt dieser wirklich ist. So wagte ich, ein Mädchen von gerade einmal fünfzehn Jahren, niemals, dem »Großvater« zu widersprechen, der über mein Los entschied. Dadurch war ich gezwungen, die Schule aufzugeben und die Familie meines Adoptivvaters und meiner Adoptivgeschwister zu verlassen. Es tat mir in der Seele weh, doch was hätte ich tun sollen? Der »Großvater« hatte mich großgezogen. Zum Zeichen meiner ewigen Dankbarkeit musste ich alles in Kauf nehmen; ich musste ihm mein Leben widmen, weil die Frau sich immer opfern muss.

Meine Heirat schien mir nur Vorteile zu bringen: Nun konnte ich das Haus des »Großvaters« verlassen und war von den Sklavendiensten befreit, die er mir auferlegt hatte. Ich brauchte es nur zu akzeptieren, alles andere würde sich finden. Wir zogen weit nach Osten, nach

Chup, das im Herzen der Kautschukplantagen liegt. Es muss 1985 gewesen sein.

Die großen Kautschukpflanzungen sind ein Erbe der Kolonialzeit. Am Ende des Krieges und der Herrschaft von Pol Pot blieb – der Zerstörung vieler Bäume und Fabriken zum Trotz – die Latexproduktion die Haupteinnahmequelle der Regierung, die nach der vietnamesischen Invasion von 1979 eingesetzt worden war. Im Tausch gegen das Latex, das sie von uns kauften, lieferten die Sowjets Lebensmittel, Autos, Maschinen und Waffen. Die Roten Khmer waren nicht weit, sie versuchten, die Kautschukpflanzungen unter ihre Kontrolle zu bekommen. In der Gegend wimmelte es folglich von Militärs, und es kam zu zahlreichen Auseinandersetzungen.

Was ich am meisten vermisste, war die Schule. Es war mir gelungen, ein paar Schulbücher mitzunehmen. Von Zeit zu Zeit fand ich auch ein Stück Zeitung. Das wenige, was ich in die Finger bekam, las ich wieder und wieder.

Mein Mann war brutal und eifersüchtig. Gleich zu Beginn packte ihn die Wut, als er feststellen musste, dass ich keine Jungfrau mehr war. Er trank, dann schlug und vergewaltigte er mich. Binnen kurzem hatte ich eine Stelle in einem Krankenhaus der Umgebung gefunden, erst als Pflegehelferin, dann als Krankenschwester. Ich war die einzige Frau dort, die lesen und schreiben konnte. Niemand hatte eine richtige medizinische Ausbildung; man musste improvisieren. Ab und zu kamen sowjetische oder vietnamesische Ärzte zu uns und brachten uns ein paar Grundkenntnisse bei, doch verstanden wir nicht immer, was sie meinten. Außerdem herrschte ein krasser Mangel an Medikamenten, da wir nur selten neue Lieferungen erhielten. Bei allen Krankheiten mit Fieber verschrieben wir Aspirin. Wer Durchfall hatte, bekam Metronidazol. War jemand schwach, gaben wir ihm Vitamine. Es waren die Russen, die uns Medikamente schickten und erklärten, wie sie einzusetzen waren.

Neben der Malaria waren unser Hauptproblem die Minen. Damals legten alle Minen: die Regierungstreuen, um die Roten Khmer zu stoppen, die Roten Khmer, um die Regierungstreuen aufzuhalten. Wir nahmen Soldaten oder Arbeiter bei uns auf, deren Füße oder Beine völlig zerfetzt waren. Wir konnten nichts anderes tun als amputieren, auf der Stelle, ohne Anästhesie – die notwendigen Betäubungsmittel hatten wir nicht. Außerdem waren die Ärzte nur sporadisch anwesend. Also mussten wir es tun, die Krankenschwestern. Und es musste sofort geschehen, damit sich kein Wundbrand ausbreitete. Wir hatten den Ärzten zugesehen und machten es wie sie. Wir renkten Gelenke aus, schnitten Sehnen durch und vernähten das Ganze dann (ich kann sehr gut nähen). Anfangs hatte ich Angst davor, doch dann hatte ich den Bogen raus und schlug mich tapfer.

Schlimm waren auch die Geburten! Ich dürfte bei mehreren hundert dabei gewesen sein! Trotz all unserer Anstrengungen war die Sterblichkeitsrate der Mütter und Säuglinge hoch, da wir nichts zum Desinfizieren hatten. In Ermangelung von Seife wuschen wir die Neugeborenen mit Waschmittel. Bei meiner ersten Geburt, die ich als Fünfzehnjährige zusammen mit einer gleichaltrigen Freundin durchführte, musste ich die Hand in die Vagina einführen, um abzutasten, ob sich der Muttermund ausreichend geweitet hatte. In dem Augenblick kam das Kind, sein Kopf fühlte sich ganz weich an. Vor Entsetzen schrie ich auf. Dann aber musste ich rasch all das Übrige erledigen, die Nabelschnur mit einer Nähschere durchtrennen, das Kleine waschen ... Einmal sollte eine Mutter Zwillinge zur Welt bringen, doch sie blieben stecken. Und wir wussten nicht, wie man einen Kaiserschnitt macht. Nach einer Weile starb die Mutter. Ich war so erschöpft, dass ich direkt neben der Leiche einschlief. Ich habe so viele Tote gesehen, dass ich mich nicht mehr vor ihnen fürchte. Erst im Abstand von vielen Jahren wurde mir bewusst, dass das, was man den Frauen damals angetan hat, einfach schrecklich war. Doch was hätten wir tun sollen bei dem allgemeinen Mangel, unserer Unwissenheit und der dringenden Notwendigkeit zu handeln? Die Situation an sich war entsetzlich!

Hatten die jungen Mütter innere Blutungen, bekamen sie hohes Fieber. Bei euch im Westen heißt das Kindbettfieber, doch bei uns bedeutet es, dass ein Toter die Niederkunft ausgenutzt und sich des Körpers bemächtigt hat. Viele junge Mütter starben daran. Diejenigen, die überlebten, kehrten nach Hause zurück, wo sie – so war es Brauch – ein Glas Knabenurin trinken mussten! Unter ihr Bett wurden glühende Äste gelegt. Sie mussten viel Pfeffer essen, damit sie wieder zu Kräften kamen, damit ihre Haut weiß wurde, damit alles wieder ins Lot kam. Man karamelisierte Schweinefleisch und gab reichlich Pfeffer und Alkohol hinzu. Wir wendeten die traditionellen Rezepturen an, obwohl gar kein *kru*, kein traditioneller Heiler, anwesend war, und begnügten uns damit, es so zu machen, wie wir es für richtig hielten. Dabei schenkten wir vor allem den alten Frauen Gehör. Wir machten viele Fehler. Die Erinnerung daran ängstigte mich während meiner ersten Schwangerschaft.

Wir arbeiteten viel, und ich stürzte mich voller Leidenschaft in diese Arbeit. Das Problem waren die Ärzte. Einige von ihnen vergewaltigten uns Krankenpflegerinnen systematisch. Wir wagten nicht, uns zu wehren, weil sie die Macht hatten, uns fristlos zu entlassen. Nun sicherte uns diese Arbeit jedoch ein Funktionärsgehalt, nämlich dreizehn Kilo Getreide pro Monat – Geld gab es ja damals noch nicht. Einem kinderlosen Paar reichte dies gerade zum Überleben. Außerdem bekamen wir ab und zu ein wenig Fleisch.

Schließlich war auch ich fällig. Der Chefarzt kam eines Abends, als ich alleine Nachtwache hatte. Er hatte schon mehrmals versucht, mit mir zu schlafen; diesmal tat er mir Gewalt an. Ein anderer Arzt, den ich mochte und mit dem ich mich gut verstand, nutzte die Situation ebenfalls aus. Man hatte die Wahl: Entweder man ließ es geschehen, oder man wurde hinausgeworfen und hatte nichts mehr zu essen.

Mein Mann wusste von der Sache und war rasend eifersüchtig. Er flippte regelmäßig aus. Bei seinen Wutanfällen zückte er die Pistole und schoss irgendwohin, über meinen Kopf oder dicht vor meine Füße. Er versetzte mich in Angst und Schrecken. Mit der Zeit jedoch ließ die Wirkung seiner Ausbrüche nach. Es machte mir auch nichts aus, als mir einmal ein Soldat mit verstümmeltem Fuß die Pistole an die Schläfe hielt, während ich seine Wunde nähte, und zu mir sagte: »Wenn du mir wehtust, bring ich dich um!« Ich tat, was ich zu tun hatte, ohne auf ihn zu achten. Und siehe da, er verhielt sich ruhig.

Immer öfter wurde mein Mann zu Kampfeinsätzen an der Grenze gerufen. So vergingen fünf oder sechs Monate. Eines Tages suchte er den »Großvater« auf, um sich über mich zu beklagen, worauf dieser zu mir kam und mich verprügelte. Ich würde mich nicht genügend um meinen Mann kümmern, warf er mir vor, und kochen könne ich auch nicht. Wie auch? Ich war jung, niemand hatte es mir beigebracht. Außerdem gab es nichts, womit man hätte kochen können.

Mein Mann streute das Gerücht, ich sei eine Hure. Die Leute begannen, mich zu beschimpfen. Der »Großvater« versuchte, mit Gewalt aus mir herauszubekommen, unter welchen Umständen ich meine Jungfräulichkeit verloren hatte. Ich wusste nicht einmal, was die Wörter »Jungfräulichkeit« und »Vergewaltigung« bedeuteten, die er mir an den Kopf warf. Doch ich wusste, dass ich den Mund zu halten hatte. Der Alte tauchte meine Hand sogar in heißes Wasser. Ich biss die Zähne fest zusammen und weinte nicht einmal vor Schmerz.

Ich hatte eine Freundin namens Pheuv. Sie war dick, und das gefiel den Männern. Später ist sie bei einem Autounfall umgekommen. Sie erzählte mir damals, wie entsetzlich ihr Leben an der Seite des Arztes war, der sie wie ein Spielzeug behandelte, sie vergewaltigte, wenn ihm der Sinn danach stand, und sie aus geringstem Anlass verprügelte. Ich war also nicht die Einzige, die diesen Albtraum durchmachte; es schien wohl eher das normale Leben einer Frau zu sein. Zahlreiche Mädchen, die im Krankenhaus arbeiteten, waren Waisen, und da niemand sie beschützte, ließen sie sich von den Ärzten oder Stationspflegern vergewaltigen. Letztere behandelten uns wie Sklavinnen. Wir konnten nichts tun, als es einfach zu erdulden. Einmal versuchte ich mich umzubringen. Ich schluckte das Schlafmittel Yazipam. Die normale Dosis beträgt zwei Tropfen, ich aber trank das ganze Fläschchen aus. Am nächsten Morgen war ich nicht tot, sondern hing am Tropf. Der Stationspfleger erging sich in den wüstesten Beschimpfungen.

Dann musste Than, mein Mann, an die Front, weit von Chup entfernt. Er kehrte nie zurück. Es gab damals viele Tote, vor allem wegen der Minen und der Malaria.

Than hatte einen engen Freund, der im Militärlager arbeitete und in mich verliebt war. Dieser Mann kümmerte sich nun um mich, und als der »Großvater« wieder einmal kam und Geld von mir verlangte, versetzte er ihm eine Ohrfeige. Der Alte machte kehrt. Als Thans Freund einmal nicht da war, nutzte der »Großvater« die Gelegenheit und sagte, ich müsse ihn nach Phnom Penh zu einer Cousine von ihm, Tante Nop, begleiten. Noch immer war ich ihm vollkommen hörig und folgte ihm, da ich glaubte, keine andere Wahl zu haben. In Phnom Penh angekommen, verkaufte er mich an ein Bordell. Die Cousine, die den Vertrag abgeschlossen hatte, behauptete, der Schuldige sei der »Großvater«, der wiederum dem Freund meines Mannes die Schuld gab. Ich aber war sicher, dass der Alte verantwortlich war, denn ich hatte genau gesehen, wie Tante Nop ihm Geld gab. Warum habe ich immer getan, was er verlangte? Warum war ich ihm gegenüber immer so passiv, obwohl ich ihn doch am liebsten kaltblütig umgebracht hätte? Die einzige Erklärung, die ich dafür habe, ist die, dass ich wie eine Sklavin aufgezogen worden war, eine Haussklavin wohlgemerkt. Mädchen wie ich waren den Launen solcher Menschen schutzlos ausgeliefert. Wir ließen uns von ihnen besitzen, da sie uns eine Zeit lang ernährt und so den Status eines »Meisters« errungen hatten, der nach Gutdünken über uns verfügen konnte. Diese Haltung prägt noch immer die gesellschaftliche Wirklichkeit in Kambodscha, und doch schöpfen Fremde in der Regel keinen Verdacht. Deshalb kritisieren sie die Zustände auch nicht.

Der »Großvater« starb 1988. Er war ein Schurke. Ich habe herausgefunden, dass er mich, als ich zwölf war, an den chinesischen Kaufmann verkauft hat, um eine alte Schuld zu begleichen. Er hat mich immer als etwas betrachtet, das ihm, egal wie, Geld einzubringen hatte. Ich hatte nie den Mut, ihn zu vergiften, ihn selbst zu töten oder töten zu lassen, aber ich gebe zu, daran gedacht zu haben. Ich habe sogar überlegt, jemanden von der örtlichen Mafia damit zu beauftragen. Anscheinend ist er bei einem Unfall ums Leben gekommen, auf der Straße von Kompong Cham nach Chup. Einige Dorfbewohner behaupteten, ich hätte ihn umgebracht, doch zum Zeitpunkt seines Todes war ich weit weg. Es heißt, man solle das Gesetz walten lassen und nicht versuchen, sich selbst Gerechtigkeit zu verschaffen, das sei barbarisch. Im Grunde stimme ich dem zu. Doch in diesem Land gibt es keine Gerechtigkeit. Wer also ist hier der Barbar? Schreit der nicht wieder gutzumachende Schaden, der mir und meinesgleichen zugefügt wurde, nicht nach Rache?

Die Hölle

Als mir bewusst wurde, dass man mich an ein Bordell verkauft hatte, begehrte ich auf. Der Zuhälter, der zusammen mit seiner Frau und seiner Familie der Gebieter über die paar Zimmer in dem Haus im Stadtzentrum von Phnom Penh war, nahm mich, wenn man so will, unter seine Fittiche. Er verprügelte mich, vergewaltigte mich und sperrte mich in einem Zimmer ein.

»Entweder du empfängst Kunden oder ich schlage dich jeden Tag grün und blau und vergewaltige dich. Dann werden wir ja sehen, wie lange du bei deinem Nein bleibst.«

Nach einiger Zeit gab ich tatsächlich auf. Täglich hatte ich fünf bis sechs Kunden. Manchmal musste man eine ganze Nacht mit einem Kunden zusammenbleiben, der immer wieder etwas von einem wollte. Es waren vor allem Militärs oder Polizisten. Sie waren schmutzig, wuschen sich nicht. Dass ist für mich rückblickend das Schlimmste. Wenn man so etwas erlebt hat, ist es schwierig, Gefühle zu empfinden.

Ich suchte nach einem Ausweg. Ein Mann schien sich für mich zu interessieren, denn er kam mehrmals zu mir, und wir freundeten uns an. Er schenkte mir ein wenig

Gold – zu der Zeit das gängige Zahlungsmittel, da es die nach den Roten Khmer wieder eingeführte Währung, den Riel, nur in kleinen Scheinen gab. Er versicherte mir, dass er mich liebe, dass er mit mir zusammenleben, mich heiraten wolle ... Er überredete mich zu einem Treffen. Ich sprach darüber mit einer Freundin. Sie sagte zu mir, du bist noch jung – ich war erst siebzehn – und wirst wie all die anderen Mädchen frühzeitig altern und dir alle möglichen Krankheiten einfangen, wenn du im Bordell bleibst, also pack die Gelegenheit beim Schopf. Der Mann hatte die Frau des Zuhälters informiert, dass er mich mitnehmen würde. Sie zweifelte zwar daran, fürchtete aber, ich könnte abhauen, und drohte mir, sie würde mich zu Tode prügeln, wenn ich zu fliehen versuchte. Ich flüchtete dann doch mit ihm, und am nächsten Morgen brachte er mich zum Busbahnhof. Er wollte nach Poipet an der thailändischen Grenze, einem idealen Umschlagplatz für Waren aller Art, und befahl mir, in einen Lastwagen einzusteigen, der nach Battambang fuhr. Dort würden wir uns treffen, versprach er mir. Es war noch ein weiteres Mädchen dabei.

Bei der Ankunft in Battambang am Abend sagte der Fahrer zu uns: »Kommt, wir schlafen bei der Pagode.«

In der Nacht wurden wir von den Typen aus dem Lastwagen vergewaltigt.

»Ich dachte, wir wären Freunde!«, protestierte ich.

»Nein, du bist verkauft worden!«

Mein Freier hatte mich an den Lastwagenfahrer verkauft. Ich konnte nicht mehr. Der Geruch nach Sperma, alles ekelte mich an. Ich übergab mich, immer wieder. Am nächsten Morgen nahm der Fahrer mich mit, doch in Svay Sisophon gelang mir die Flucht. Ich wusste, dass

Vaters Frau dort Verwandte hatte, die chinesischer Herkunft waren. Ich erkundigte mich überall, bis ich einen Cousin meiner Adoptivmutter ausfindig machen konnte. Er und seine Familie nahmen mich auf. Sie gaben ihre Kinder in meine Obhut. Ich kochte für sie und wusch ihre Wäsche. Die Frau des Cousins verkaufte Gold auf dem Markt. Nach einer Woche, als seine Ehefrau gerade nicht da war, drohte der Mann, wenn ich ihm nicht zu Willen sei, würde er mich mit Vitriol bespritzen, das sie bei ihrer Arbeit mit Gold brauchten. Und dann vergewaltigte er mich. Wenn ich seiner Frau etwas davon erzählte, sagte er, würde er mich umbringen. Es war also überall dasselbe, die Männer waren alle gleich – gleich schlecht. Ich hätte seiner Frau gerne erzählt, was geschehen war, doch sie wirkte so bösartig, dass ich auch vor ihr Angst hatte. Sobald sie ihm den Rücken zuwandte oder schlief, packte er mich und verging sich erneut an mir. Ich flehte ihn an, mich gehen zu lassen. Endlich ließ er sich erweichen und gab mir ein wenig Geld und eine Goldkette, damit ich nicht völlig mittellos war. Überaus zufrieden verließ ich das Haus und machte mich auf den Weg zurück nach Phnom Penh. In Battambang angekommen, stürzte seine Frau wie eine Furie auf mich zu. Sie zog mir an den Haaren und schrie, ich hätte die Kette gestohlen. Kurz darauf fand ich mich auf der Polizeistation wieder. Ihr Ehemann, der Angst vor ihr hatte, bestätigte ihre Aussage.

Ich landete also im Gefängnis. Niemand schenkte mir Glauben. Drei oder vier Polizisten setzten mir mit Fragen zu.

»Warum hast du die Kette gestohlen?«

»Das stimmt doch gar nicht!«

»Sie ist in deinem Besitz, also hast du sie auch gestohlen.«

»Er hat sie mir geschenkt.«

»Du lügst!«

Die ganze Nacht über schlugen und vergewaltigten sie mich. Ich schloss die Augen und sagte mir, macht nur, ich sagte weder ja noch nein. Wenn ich mich zu wehren versuchte, droschen sie noch heftiger auf mich ein, als hätten sie nur darauf gewartet. Ich hatte das Gefühl, mein Körper gehörte mir gar nicht mehr, er fühlte sich fremd an. Seit der Chinese mich vergewaltigt hatte, war ich völlig gefühllos, und ich wartete einfach darauf, dass sie fertig wurden.

Am nächsten Morgen ließen sie mich frei. Ich machte mich wieder auf den Weg, ohne Kette, ohne alles.

Ich überredete den Fahrer eines Sammeltaxis, mich mitzunehmen. In Phnom Penh stand schon die Kupplerin und wartete auf mich.

Damals dachte ich, dass ich nichts zuwege brachte, dass ich immer nur Pech hatte und mein Leben unter einem schlechten Stern stand. Warum passierten nur mir diese Dinge? Oder ging es vielleicht auch anderen so?

Der Zuhälter, ein Kriegsversehrter, schlug mich stundenlang mit seinem Stock. Er fesselte mich nackt ans Bett, und alle, die an dem Zimmer vorbeigingen, konnten mich sehen. Für mich, die ich von Natur aus schamhaft bin, war das die schlimmste Folter. Eine ganze Woche lang kamen jeden Abend sein Bruder und seine Kumpane und vergingen sich der Reihe nach an mir, während ich noch immer angebunden dalag. Ich wurde krank, Fieberschübe schüttelten mich.

Da versprach ich der Puffmutter: »Ich habe versucht zu fliehen, doch das bringt nichts. Ich werde arbeiten und keine Probleme mehr machen. Ich werde alles tun, was du willst.«

Es war eine Kapitulation auf der ganzen Linie.

Sie verstand und fing an, mir zu vertrauen. Nun durfte ich mir Kunden in den Kneipen suchen. Und sie schlug mich nicht mehr. Die Mädchen, die mich aus dem Haus gehen sahen, fragten mich: »Warum bist du zurückgekommen?«

Ich selbst hatte resiginiert, doch es kamen immer neue Mädchen hinzu, gerade mal dreizehn, vierzehn Jahre alt. Mit einer von ihnen unterhielt ich mich eingehend. Die »Älteren« und ich beschlossen, der Kleinen dabei zu helfen, aus dem Teufelskreis auszubrechen. Die Puffmutter hatte uns gebeten, auf das Mädchen aufzupassen, und uns die Schlüssel gegeben. Wir ließen sie laufen. Daraufhin wurden wir mit dem Rohrstock geschlagen. Das Mädchen war für zwei Goldmünzen gekauft worden, was achtzig Dollar entsprach. Die Puffmutter sagte, wir müssten den Verlust ausgleichen. Ich als Jüngste sollte den größten Teil der Schuld abtragen, musste also entsprechend mehr verdienen. Daraufhin suchte ich mir ausländische Kunden, die besser bezahlten. Ich stellte fest, dass sie freundlicher waren, großzügiger, weniger brutal. Vielleicht fanden sie mich sogar hübsch. Meine Hautfarbe gefiel ihnen. Auf diese Weise verdiente ich viel Geld, und die Puffmutter zeigte sich hocherfreut.

Ich hatte keine Schwierigkeiten mehr mit ihr, doch es kamen ständig neue Mädchen, die geschlagen wurden, bis sie sich fügten. Ich durfte mich frei bewegen, vorausgesetzt, ich verdiente genügend Geld. Die Puffmutter ließ eine Freundin von mir gehen, die sie für zu alt hielt, und sagte dann auch zu mir: »Maly, du kannst gehen, wenn du willst.«

Ich blieb jedoch. Es war mein Lebensinhalt geworden, meine Arbeit, ich wusste nicht, was ich sonst hätte tun können, wohin ich hätte gehen sollen.

Da lernte ich Daniel kennen, einen Europäer. Er zahlte fürstlich – wovon die Puffmutter sehr profitierte – und überredete mich schon bald, nicht mehr auf Kundenfang in die Kneipen zu gehen, sondern seine feste Freundin zu werden. Daniel bestand darauf, dass ich zur Schule ging; er zahlte das Schulgeld, und so fing ich wieder an, tagsüber zu lernen. Doch es fiel mir nicht mehr so leicht wie früher. Drei Jahre waren vergangen, ich hatte geheiratet und in den Kautschukpflanzungen gelebt. Daniel schlug deshalb vor, mir eine Arbeit zu suchen. Er stellte mich einigen Landsleuten vor, bei denen ich im Haushalt helfen konnte. Dennoch wurde ich den Gedanken nicht los, dass alle Menschen gleich sind und man niemandem trauen darf. Ich spielte mit Daniel eine Art Spiel. Ich tat so, als würde ich ihm vertrauen, doch im Grunde glaubte ich ihm nicht. Ich nahm sein Geld, und abends ging ich mit anderen Männern. Um frei zu sein. Um mir meinen Lebensunterhalt selbst zu verdienen. Um der Puffmutter Geld geben zu können. Sie ließ mir völlig freie Hand, ich durfte überallhin gehen. Da Daniel und ich nicht dieselbe Sprache sprachen, habe ich ihm das alles nie richtig erklären können.

Die moderne Welt war mir damals völlig fremd. Als ich das erste Mal bei Daniel übernachtete, führte er mich ins Badezimmer und fragte, ob ich nicht duschen wolle. Bei uns in Kambodscha gibt es eine Schüssel oder einen Krug mit Wasser, mit dem man sich übergießt. Hier war es ganz anders: Es gab kein Wasser, keinen Krug. Ich verstand nicht, wie die Weißen sich wuschen. Dann drehte ich einen Wasserhahn auf, und das Wasser fiel auf mich herab. Ich bekam Angst, denn ich dachte, es wäre ein Geist, und rannte hinaus. Daniel musste mir erst erklären, wie fließendes Wasser funktioniert, was ein Schlauch ist, was ein Duschkopf. Eine völlig andere Welt war das! Ich befürchtete, das Wasser würde alles überfluten, und ich müsste ertrinken. Eingehüllt in ein Handtuch, versuchte ich meine Angst zu überwinden und stellte mich unter die Dusche; allerdings ließ ich die Tür offen, damit ich fliehen konnte, sollte der Geist wieder erscheinen.

Ein anderes Mal lud Daniel mich zum Abendessen ins Restaurant des *Hôtel Blanc* ein, ein damals, kurz vor der Öffnung des Landes, ziemlich feines Lokal. Es war das erste Mal, dass mich jemand zum Essen einlud. Ich freute mich riesig bei dem Gedanken an eine gute Mahlzeit, denn das Essen im Stundenhotel war miserabel, spärlich bemessen und einfallslos. Seit langem träumte ich davon, Brathähnchen zu essen. Ich hatte ein schönes rosa Kleid angezogen, das meinem Kavalier aber nicht sonderlich gefiel. Ohne zu überlegen, bestellte ich ein halbes Hähnchen mit Reis. Das einzige Problem war, dass ich nicht wusste, wie man mit Messer und Gabel umging. In Kambodscha isst man mit den Fingern oder mit einem Löffel. Hätte ich wie eine Kambodschanerin gegessen, hätte man mich für eine Wilde gehalten. Also nahm ich tapfer das Besteck in beide Hände, doch bei jedem Versuch, es zu zerlegen, rutschte das Hähnchen fast von meinem Teller. Je mehr ich mich bemühte, desto weniger bekam ich es zu fassen. Einstweilen begnügte ich mich mit dem Reis. Von Daniel war keine Hilfe zu erwarten, denn wir konnten kaum miteinander kommunizieren, und er schien nichts zu bemerken. Von Minute zu Minute wurde ich frustrierter. Daniel sah mich fragend an und deutete auf das Hähnchen. Ich schüttelte den Kopf. Schließlich kam ein Kellner und trug wortlos den Teller ab, obwohl mir doch das Wasser im Mund zusammenlief. Die ganze Nacht träumte ich von dem armen Hähnchen, das mir fast vom Teller gesprungen war …

Wenn ich mit Daniel zusammen war und wir miteinander schliefen, weinte ich. Überhaupt weinte ich bei jedem Freier. Aus meinem tiefsten Innern rief ich ihnen zu: »Habt ihr kein Herz? Merkt ihr nicht, was hier los ist? Seid ihr überhaupt Menschen? Warum macht ihr das? Zu Hause wartet eure Frau. Warum geht ihr zu Prostituierten?« Unablässig wiederholte ich diese Fragen in meinem Kopf und wagte doch nie, sie zu stellen. Die Erinnerung an diese Erlebnisse ist so entsetzlich, für immer haben sich die Qualen in mein Gedächtnis eingegraben. Jedes Mal, wenn ich darüber spreche, läuft es mir kalt den Rücken herunter, und mir treten Schweißperlen auf die Stirn.

Und erst die Albträume! Bis heute träume ich jede Nacht von Schlangen. Damals hat man uns gefesselt und eine Schlange auf den Bauch oder auf den Rücken gelegt. Wir waren noch jung und wussten nicht, ob sie giftig waren oder nicht; für uns waren alle Reptilien gefährlich. Sie versetzten uns in Panik, weil wir Angst hatten, dass sie in unsere Körperöffnungen kriechen könnten! Dabei mochte ich als Kind kleine Tiere sehr, auch Insekten. Ich fing sie und spielte furchtlos mit ihnen – sogar mit Taranteln! Erst später, als man riesige Tausendfüßler benutzte, um uns zu erschrecken, bekam ich Angst vor ihnen. Einmal hatte ich eine Auseinandersetzung mit der Schwester der Puffmutter, die mir Befehle erteilte, obwohl sie jünger war als ich. Ich gab ihr eine Ohrfeige. Gegen zwei Uhr nachts, als die letzten Freier weg waren, gingen meine Freundin Mom und ich schlafen. In der Dunkelheit spürte ich, wie etwas über mich hinwegglitt. Es waren mehrere kleine Schlangen. Ich schrie wie verrückt. Das war die Strafe für die Ohrfeige. Ein anderes Mal steckte sie einen Skorpion in meine Hosentasche.

Eines Tages kam mein Adoptivvater aus Kompong Cham; mein Bruder begleitete ihn. Ich hatte die beiden seit Jahren nicht mehr gesehen. Ich weinte, und sie weinten auch.

Mein Vater flehte mich an: »Komm doch mit! Wir sind deine Familie. Wir brauchen dich. Bitte komm zurück!«

Ich weinte mir die Augen aus.

»Es ist zu spät«, sagte ich. »Ich war mit Tausenden von Männern zusammen. Ich bin am Ende. Mein Leben ist vorbei.«

»Wir sind bettelarm und mussten alle Hühner verkaufen. Überall haben wir nach dir gesucht!«

Er hatte irgendwie in Erfahrung gebracht, dass ich tatsächlich seine Nichte war, die Tochter seines Bruders. Früher hatte er immer daran gezweifelt.

Also zwang er mich, mit in sein Dorf zu kommen. Doch am nächsten Morgen verschwand ich wieder. In einem Dorf wissen die Leute gleich, dass du eine Hure bist, und machen dir das Leben schwer. Ich kehrte zu Daniel zurück und drückte wieder die Schulbank – nur deshalb kann ich heute lesen und schreiben. Ich hörte auf zu arbeiten. Daniel meinte, ich solle bei ihm einziehen, doch ich lehnte ab. Er wollte mich heiraten, doch ich gab ihm einen Korb. Er war reich und voller Selbstvertrauen, das sah ich. Doch er hatte mich nie gefragt, woher ich kam, wer ich war, warum ich dieses Leben führte. Er aß niemals Reis, obwohl er schon seit Jahren in Kambodscha lebte. Als er mir schließlich vorschlug, mit ihm in die Schweiz zu gehen, ließ ich ihn alleine ziehen. Ich sprach seine Sprache nicht.

Eines war mir nun klar: Ich würde im Bordell bleiben, um die jungen Mädchen zu beschützen und ihnen bei der Flucht zu helfen. Ich hatte Freundinnen, wie Mom, die von ihrer eigenen Mutter ins Bordell verkauft worden waren.

Einige Zeit später lernte ich erneut einen sympathischen Mann kennen. Er war Fahrer eines Motorradtaxis. Das machen viele Leute, selbst diejenigen, die bereits eine Arbeit haben. Manche fahren nur stundenweise und sichern sich so ein zusätzliches Einkommen. Er war nett und hatte ein einnehmendes Wesen. Er schlug mich nicht und wollte, dass ich mit ihm zusammenziehe. Ich ließ mich überzeugen. Wir mieteten ein Haus. Er bat mich, nicht mehr arbeiten zu gehen, und zog – genau wie der »Großvater« – einen Holzhandel zwischen Phnom Penh und Mondolkiri auf, der Gegend, aus der ich kam. Zwei Monate lang sorgte er voller Hingabe für mich. Ich fing an zu glauben, dass er es gut mit mir meinte, dass es so etwas vielleicht doch gab.

Aber dann tauchte eines Tages seine Frau aus dem Nichts auf. Wie eine Furie stürzte sie sich auf mich und begann, auf mich einzudreschen. Ich hatte schreckliche Angst. Er blieb trotzdem bei mir, doch schon bald ging ihm das Geld aus, und er schickte mich abends in die Kneipen. Wenn ich bei einem Freier war, wartete er draußen mit dem Motorrad auf mich. Normalerweise müsste so etwas einen Mann eifersüchtig machen. Er war jedoch nicht eifersüchtig. Er sagte nur: »Was willst du? Von irgendwas müssen wir ja leben.« Schließlich hörte er auf, Arbeit zu suchen. Wir zogen mit einem Paar zusammen, das genauso wie wir lebte. Die Herren schliefen den ganzen Tag, während wir Frauen uns jeden Abend schminkten, um das Haushaltsgeld zu verdienen, und den Anteil für die Puffmutter musste man schließlich auch noch abziehen. Die ganze Zeit glaubten wir, sie würden sich doch noch eine Arbeit suchen, damit sich unsere Lage änderte und wir eine Familie gründen, eben ein normales Leben führen konnten.

Wie jedes Mal, wenn ich versuchte, die Hölle hinter mir zu lassen, wurde ich enttäuscht, zutiefst enttäuscht. Deshalb habe ich heute zu niemandem Vertrauen.

Schließlich habe ich ihn verlassen. Dieser Typ ist nichts wert, sagte ich mir, er ist ein menschliches Wrack. Ich wandte mich an Lolo, einen Freund von Daniel. Lolo, ebenfalls Schweizer, ist einer derjenigen, die mir am meisten geholfen haben; er kam sogar für mein Schulgeld auf. An Körper und Seele zerschunden, wollte ich mich unbedingt von meinem bisherigen Leben befreien – und den anderen Mädchen helfen. Ich fühlte mich ihnen verbunden, sie waren ja Opfer, wie ich auch. Ich weiß nicht, warum dieses Bedürfnis bei mir so stark ist.

Wahrscheinlich kommt es daher, dass ich gesehen habe, wie eine meiner Freundinnen umgebracht wurde.

Seitdem war ich besessen von dem Gedanken, einen mächtigen, einflussreichen Mann zu finden, der über Geld und Waffen verfügte. All diejenigen, die von dem Geschäft mit den Mädchen profitierten, sollten vernichtet werden. Ja, ich wollte mir eine Waffe beschaffen, um den Polizisten umzubringen, der meine Freundin getötet hatte; das erzählte ich damals allen Mädchen. Ich war besessen von der Idee, alle Polizisten und Militärs zu töten, die Frauen schlugen. (Wir lebten zu der Zeit unter einem kommunistischen Regime, und wenn ein Mädchen verhaftet wurde, schickte man es in ein so genanntes »Umerziehungslager«. Dort scherte man ihr den Kopf kahl, kleidete sie in eine blassblaue Uniform und verpflichtete sie zur Zwangsarbeit. Geleitet wurden diese Lager von gefährlichen Sadisten, die die Situation der Mädchen ausnutzten.) Ich wollte unbedingt noch einmal nach Svay Sisophon, um mich an dem Mann zu rächen, der mich verraten hatte, doch mir fehlte der Mut. Ob ich das bedauere, weiß ich nicht. Später dachte ich, dass es nichts gebracht hätte, denn vermutlich hat ihn ohnehin jemand anderes getötet, weil er es nicht besser verdient hatte.

Heute bin ich natürlich anderer Meinung. Ich weiß jetzt, dass man den Rechtsweg beschreiten muss. Und das, obwohl mir klar ist, dass bei uns Korruption oberstes Gesetz ist.

In diesem Land neigt man immer zur Selbstjustiz, eben weil man sich nicht auf die öffentliche Gerichtsbarkeit verlassen kann. Sobald ich ein wenig Geld besaß, kaufte ich mir eine Waffe, einen Revolver AK 54.

Das ist nichts Ungewöhnliches: In Kambodscha sind viele Leute bewaffnet und verlassen das Haus nie, ohne eine Waffe bei sich zu tragen oder im Auto zu haben. Es ist lange her, seit ich auf einen meiner Vergewaltiger geschossen habe: Der Mann starb nicht daran, blieb aber halbseitig gelähmt. Ich wollte ihn nicht töten, sondern ihm nur wehtun, genau wie er mir wehgetan hatte. Wenigstens dieser eine musste dafür bezahlen.

Das war in meinen Augen damals die Justiz, die wahre, funktionierende. In Kambodscha denken alle so. Niemand käme auf die irrwitzige Idee, sein Leben oder seine Interessen einem Richter anzuvertrauen, denn dieser würde sein Urteil ja nach der Höhe der Geldsummen richten, die ihm beide Parteien zustecken! Dennoch sollten wir es tun – das verlangt auch die internationale Staatengemeinschaft von uns –, um den Handel mit Frauen und Kindern einzudämmen. Diese Forderung ist berechtigt, und wir respektieren sie. Doch man muss verstehen, dass wir sehr rasch an die Grenzen der Legalität stoßen, weil unsere gesellschaftliche Wirklichkeit uns andere, ungeschriebene Gesetze auferlegt.

Am schlimmsten war, was die Zuhälter uns zu essen zwangen. Manchmal waren es lebende Maden, die sie auf verfaultem Fisch gefunden hatten. Sie stießen uns brutal den Löffel in den Rachen. Die Dinger kribbelten im Hals, im Magen. Es war grauenhaft. Ich wüsste nicht, was schrecklicher sein könnte. Ich hatte immer Angst, dass sie mir die Viecher ins Ohr setzen und die sich dann einen Weg in mein Gehirn bahnen. Wenn ich davon träume, muss ich mich übergeben.

Selbst viel später, in Frankreich, als ich mit Pierre zusammenwohnte, durchlebte ich diesen Albtraum erneut: Vor unserem Haus gab es einen Garten, und beim Anblick der vielen Nacktschnecken im Gras musste ich unweigerlich an die verdammten Maden denken. Sie jagten mir Angst ein. Abends legte ich mich mit Socken, mehreren Hosen, Handschuhen und einer Mütze ins Bett. Pierre lachte mich aus, doch meine Furcht war übermächtig. Noch heute nehme ich Reißaus, wenn ich Raupen sehe.

Ich habe den Eindruck, dass sich die Art, wie die Mädchen von ihren Peinigern gequält werden, geändert hat. Zu meiner Zeit, wenn ich das so sagen kann, versetzte man uns mit natürlichen Dingen in Angst und Schrecken – mit Insekten, Schlangen, Maden, die auf unterschiedliche Weise zum Einsatz kamen. Dann ging man zu Schlägen über, drückte uns brennende Zigaretten auf der Haut aus oder versuchte es mit dem Ausreißen von Finger- oder Zehennägeln. Heutzutage läuft das alles noch brutaler ab. Blaue Flecken werden möglichst vermieden. Man schlägt den Mädchen Nägel in den Kopf. Es klingt unglaublich, aber wir haben Fotos, die das beweisen. Oder die Mädchen werden angekettet und bekommen Stromstöße. Nicht wenige sterben daran. In Neak Luong fanden wir Mädchen, die an Rinnen gekettet waren, durch die Toilettenabfälle geflossen sind. Vielleicht ist das der Einfluss der chinesischen Filme, nach denen die Kuppler ganz wild sind – und andere Männer ebenso. In diesen Filmen wimmelt es von Szenen, in denen die sadistischen Foltermethoden genüsslich gezeigt werden. Jetzt glaubt jeder mickrige Zuhälter, seinen Fantasien freien Lauf lassen zu können, und niemand hindert ihn daran. Es kommt vor, dass junge Mädchen ohne Betäubung zugenäht werden, und zwei Stunden später müssen sie einen Freier empfangen.

Wenn das Mädchen während des Aktes blutet und schreit, glauben die Asiaten, sie hätten es defloriert. Im Fernen Osten ist die Überzeugung weit verbreitet, man könne auf diese Weise Unsterblichkeit erringen – wovon die Taoisten und alle möglichen Zauberer träumen – oder werde wenigstens ein langes, glückliches und angesehenes Leben führen. Das ist ein zentraler Bestandteil der chinesischen Kultur, die in unserem Land so großen Einfluss hat. Diese Menschen glauben außerdem, wenn sie mit einer Jungfrau schlafen, würde ihre Haut heller und bekäme die mondbleiche Farbe, die in allen asiatischen Gesellschaften als Schönheitsideal gilt. Auch bilden sie sich ein, dadurch jünger zu werden und das Glück auf ihrer Seite zu haben – was bei allen geschäftlichen Unternehmungen von großer Bedeutung ist. Für eine Jungfrau zahlen Freier zwischen fünfhundert und fünftausend Dollar pro Woche. Die Gewinnspanne ist immens. Wer vor dem Abschluss eines Geschäfts ein paar Tage mit einer Jungfrau – oder einer vermeintlichen Jungfrau – zusammen war und einen großen geschäftlichen Erfolg erzielt, wird in der Woche darauf wiederkommen, um seine Gewinne zu verdoppeln.

In unserer Gesellschaft hat ein Mädchen, das seine Jungfräulichkeit eingebüßt hat, kaum mehr Chancen, ein normales Leben zu führen. Wenn sie Glück hat, findet sie einen Freund, aber immer nur vorübergehend – eine feste Verbindung oder Ehe ist so gut wie unmöglich. Diejenigen, die es schaffen, sich mit einem Khmer zu verheiraten, müssen damit rechnen, irgendwann doch als Hure beschimpft zu werden. Viele von ihnen bringen sich daher um. Ich habe es nur zu oft miterlebt. Die Vorurteile machen es den Mädchen so schwer, aus diesem Leben auszubrechen – sofern es ihnen überhaupt gelingt, sich aus den Klauen der Zuhälter zu befreien.

Ich kannte eine junge Frau, die es geschafft hatte. Sie lebte in einem Dorf in der Provinz Takeo und war schwanger. Als im Dorf jemand krank wurde, bat die Familie des Kranken eine Wahrsagerin um Rat, und diese Wahrsagerin behauptete, die »Hexe«, nämlich die ehemalige Prostituierte, sei schuld an der Krankheit. Die Dorfbewohner rotteten sich zusammen und zerrten die junge Frau aus ihrem Haus. Sie wurde bei lebendigem Leib verbrannt und enthauptet. Die Zeitungen berichteten darüber. Zur Rechenschaft gezogen wurde natürlich niemand.

Die Mädchen gehen ihrem Gewerbe niemals freiwillig nach. Schon gar nicht die sehr jungen. Sie weinen den ganzen Tag, vor Scham und auch weil es sie große Überwindung kostet, das zu tun, was die Freier, einer widerwärtiger als der andere, von ihnen verlangen. Der Kunde zahlt, also ist er König. Er hat das Recht, das Mädchen zu schlagen, wenn ihm der Sinn danach steht. Er zahlt für seine Kumpel; zu fünft oder auch zu zehnt amüsieren sie sich mit der Unglücklichen. Für gewöhnlich sind sie sturzbetrunken. Chinesische Pornos, die nun auch bei uns kursieren, sind mitverantwortlich für die allgemeine Zunahme von Gewalt und Sadismus. In einigen Winkeln des Landes, zum Beispiel in einem Dorf in der Nähe von Poipet, haben sich Jugendbanden aus Zehn- bis Zwölfjährigen gebildet, die junge Mädchen vergewaltigen. Weshalb? Sie haben Pornofilme gesehen und imitieren das Gesehene. Kann man sie nicht ins Gefängnis stecken? Nein, denn es sind ja noch Kinder ...

Viele Mädchen sterben an den Misshandlungen. Ihre Leichen werden auf Müllhalden gefunden oder in Sümpfen. Nach dem Brand eines Bordells fand man die verkohlten Leichen mehrerer angeketteter Prostituierter. Man weiß ganz genau, wem das Lokal gehört, und trotzdem wird niemand strafrechtlich verfolgt. Die Zahl der Todesfälle ist enorm hoch, doch das ruft hier keinen Skandal hervor. Hier herrscht das Gesetz des Schweigens. Was das geschriebene Gesetz angeht, so denkt niemand im Traum daran, es auch anzuwenden. Bei uns heißt es immer: Die Kinder der Armen sind nichts wert. Geschieht jedoch einem reichen Kind etwas, schickt man einen Killer und lässt die Verdächtigen umbringen. So einfach ist das Leben hier!

Pierre

Beinahe acht Jahre verbrachte ich in dieser Hölle. Als ich mir endlich ein wenig Freiheit verschafft hatte, überlegte ich fieberhaft, wie ich meine Lebenssituation ändern könnte. Meine Freundin Mom war mit einem Soldaten namens Roen zusammen. Der war jedoch verheiratet, und es war klar, dass die Sache nicht lange halten würde. Mit einem Khmer auszugehen, der für meine Unterkunft aufkam und mir ein Taschengeld zahlte, konnte nicht die Lösung sein, denn er würde mich beim ersten Alarmzeichen verlassen. Also sagte ich mir, dass es nur eine einzige Alternative gab: Entweder ich brachte mich um, oder ich tat mich mit einem Weißen zusammen, einem *barang*. Als ich sah, in welch erbärmlichem Zustand sich meine Adoptivfamilie befand – das Haus im Dorf verrottete zunehmend –, beschloss ich, ein Opfer zu bringen.

Ich hatte zwar Lolo kennen gelernt, doch ich liebte ihn nicht, oder besser gesagt, ich liebte ihn wie einen Bruder. Er kümmerte sich um mich, ließ mich zur Schule gehen und stellte keine sexuellen Forderungen. Als ich einen Abszess an der Hand hatte, und man mir im Hôpital Calmette riet, den Finger amputieren zu lassen, schickte Lolo mich zu ein paar Ärzten, mit denen er befreundet war. Die waren ganz anderer Ansicht und rieten zu einer Operation ohne Amputation. Dann machte er mich mit Liana bekannt, einer Italienerin, bei der ich für zwanzig Dollar im Monat arbeiten konnte, was damals ein richtiges Gehalt war. Ich konnte also allmählich den Kopf über Wasser halten, war jedoch weit davon entfernt, mir keine Sorgen mehr machen zu müssen. Ob ich weiterhin zur Schule gehen konnte, stand in den Sternen.

Lolo veranstaltete Partys, zu denen auch ich eingeladen wurde. Alle seine Freunde verliebten sich in mich – das heißt, sie wollten Sex mit mir haben, nichts weiter. Das waren alles Leute, die immer in Restaurants aßen und kaum Khmer sprachen. Sie interessierten mich nicht. Damals konnte ich noch kein Wort Französisch. Hätte ich viel Geld verdienen wollen, hätte ich es lernen müssen, doch daran war mir nun nicht mehr gelegen. Seit der »Großvater« tot war, konnte ich mich ungehindert um meine Adoptivfamilie kümmern. Ich wollte in Kambodscha bleiben, in der Nähe meiner Familie, und einen Mann finden, der sich wirklich für mich interessierte, einen *barang*, der sich an das Leben im Land angepasst hatte.

Eines Abends traf ich Pierre wieder, mit dem ich früher schon einmal zusammen gewesen war. Er stellte mir tausend Fragen in exzellentem Khmer und bot an, mir zu helfen. Pierre gehörte für mich zur Kategorie der »armen Weißen« – bis dahin hatte ich fast nur reiche kennen gelernt. Er wirkte ein wenig schlampig und war schlecht gekleidet, hatte aber eine starke Persönlichkeit. Ich fand ihn äußerst interessant. Am nächsten Tag bot er mir hundert Dollar als Starthilfe für ein eigenes Geschäft an. Hundert Dollar sind ein Tropfen auf den heißen Stein, dachte ich. Ich kannte einen Haufen Leute, die mir weit mehr hätten geben können. Doch mit den anderen wäre es wahrscheinlich wieder auf eine sexuelle Affäre hinausgelaufen. Als Frau eines Weißen ist man außerdem gezwungen, zu Hause rumzusitzen und bis zum Abend auf den Ehemann zu warten. Ich dagegen wollte lernen, etwas tun, Dinge bewegen. Ich war nicht dafür geschaffen, zu Hause eingesperrt zu sein. Schon damals plante ich, eine Einrichtung zu gründen, in der Frauen und Kinder aus Bordellen Zuflucht finden würden. Und schon damals ging ich in die Bordelle und versuchte, die Jüngsten freizukaufen.

Mit den von Pierre geliehenen Dollars kaufte ich Hefte und Stifte, kehrte in mein Heimatdorf zurück und gab alles meinen Eltern, als Grundstock für einen kleinen Handel, der ihnen wenigstens bescheidene Einkünfte sichern würde. Ich hatte Pierre meine Adresse in Kompong Cham gegeben, da ich herausfinden wollte, ob er sich wirklich für mich interessierte und mir hinterherreisen würde. Ich war keine drei Tage dort, als sein Hausdiener zu Besuch kam und mir mitteilte, Pierre wolle mich sehen. Und so erfuhr ich, dass der Franzose sich unsterblich in mich verliebt hatte. Einem seiner Freunde hatte er anvertraut: »Dieses Mädchen werde ich heiraten!«

Er war voller Hoffnung, für mich sah die Sache jedoch anders aus. Die Aussicht, eine Nacht mit einem Weißen zu verbringen, hat nämlich etwas durchaus Erschreckendes für eine Asiatin. Es heißt bei uns, Weiße verhielten sich im Bett anders als asiatische Männer. Wir haben Angst, sie könnten wütend werden und uns vergewaltigen, wie manche Khmer. Außerdem wird behauptet, sie hätten ein größeres Geschlechtsteil als viele Asiaten.

Dennoch überwand ich meine Furcht und suchte Pierre auf. Wir redeten lange miteinander. Er schlug mir vor, mit ihm zusammenzuleben. Lolo, den ich ein wenig ausfragte, meinte: »Ja, er ist ein Weißer, der wie ein Kambodschaner lebt. Aber er besitzt nichts, klopft nur Sprüche! Keiner kann ihn leiden.« Ein nicht gerade ermutigendes Urteil. Ich glaubte Lolo, der mich sehr liebte und mich trotzdem noch nie angerührt hatte.

Schließlich zog ich dann doch zu Pierre. Er trennte sich gerade von seiner Freundin, einer Französin.

Ende 1991 lief sein Arbeitsvertrag aus, und er reiste mit seiner Ex-Freundin für ein paar Tage nach Vietnam. Ich empfand keinerlei Eifersucht, da ich nicht in ihn verliebt war. Kaum war er weg, kamen seine Kumpel und Nachbarn zu mir: »Du bist schwarz ... du bist doch nur eine Hure ... hau ab!« Die Männer waren neidisch. Die Frauen ebenfalls – sie hätten gern einen Weißen zum Mann gehabt, um im Ausland leben zu können, wo es angeblich alles im Überfluss gab. Ich selbst träumte davon, in ein Land zu fliehen, in dem meine Familie und ich unbehelligt leben konnten. Genau das erwartete ich von den Weißen: dass sie uns halfen, aber nicht mir persönlich – mein Leben war an jenem Tag zu Ende, an dem ich mich hatte umbringen wollen –, sondern den Mädchen, die mein Schicksal teilten. Als Pierre zurückkam, versuchten seine Freunde ihm einzureden, er müsse mich wegen meiner Hautfarbe verlassen. Doch er sagte: »Sie ist die schönste Frau hier! Ich mag ihre Hautfarbe sehr, verzieht euch!« Heute ist es Mode, einen dunklen Teint zu haben, aber damals galt es als Makel.

Ich ließ mich nicht beirren. Dieser Typ ist vielleicht verrückt, sagte ich mir, aber er hat das Herz am rechten Fleck. Ich hatte Glück gehabt, ihm begegnet zu sein. Auch wenn ich zugeben musste, dass er einen wirklich unmöglichen Charakter hatte!

Pierre lernte ich zur selben Zeit wie Hendrik kennen, einen begüterten Amerikaner, der mich unbedingt in die USA mitnehmen wollte. Doch wir hatten ein Sprachproblem, und außerdem glaubte ich, Reiche seien hochmütig und unaufrichtig. Die Reichen kannte ich ja, ich zog sie schließlich unweigerlich an. Pierre dagegen gefiel mir, obwohl er ein wenig verkommen aussah. Ich mochte seine starke Persönlichkeit, auch wenn ich nicht in ihn verliebt war. Das sagte ich ihm ganz offen, ich wollte ihn nicht belügen.

Dann lernte ich noch einen Amerikaner kennen, einen Computerspezialisten. Rasch war er mir mit Haut und Haar verfallen. Auch er wollte mich ins Ausland mitnehmen. Meine Freundinnen aus dem Bordell warnten mich: »Aya, pass auf!« (Ich hieß damals Aya, mein richtiger Name ist Viriya.) »Vielleicht will er dich verkaufen. Sieh dich vor! Wie vielen von uns ist es schon so ergangen!« Bevor er in sein Heimatland zurückkehrte, schenkte mir dieser Mann fünftausend Dollar, ein wahres Vermögen, von dem man bei uns ein Haus kaufen kann. Es war leicht verdientes Geld. Ich gab der Puffmutter tausend Dollar, kaufte alle Mädchen frei und schenkte jeder von ihnen fünfhundert Dollar, damit sie sich eine Existenz aufbauen konnten. Nicht einmal meinen Eltern gab ich etwas von dem Geld. Zum Schluss stellte ich fest, dass mir selbst keine hundert Dollar geblieben waren, doch das habe ich nicht bereut – derartige Dinge bereue ich nie. Es war einfach nur eine menschliche Geste. Meine Freundin Roat, die ich aus den Augen verloren habe, zog mit dem Geld einen kleinen Handel auf und lernte ein paar Monate später den Mann kennen, der heute der Vater ihrer beiden Kinder ist.

Ich konnte mich für keinen meiner Verehrer so recht entscheiden. Wenn ich Pierre besuchte, redeten wir über so viele Dinge. Er aß Reis, er aß sogar die Fischpaste *prahoc*, er aß alles, was Kambodschaner auch essen. Vor allem gefiel mir aber an ihm, was er sagte. Eines Tages teilte er mir mit, sein Aufenthalt in Kambodscha sei bald beendet und er werde nach Frankreich zurückkehren. Ich hatte keine Lust, ihn dorthin zu begleiten. Da ich niemandem vertraute, fürchtete ich, er könnte mich in seinem Heimatland sogleich an das nächstbeste Bordell verkaufen. »Wenn du mich liebst, bleib doch noch eine Weile in Kambodscha. Geh noch nicht zurück«, sagte ich zu ihm. »Ich liebe dich nicht, aber ich brauche dich, um hier herauszukommen.« Er war einverstanden.

Während Pierre in Vietnam Urlaub machte, besuchte ich einen Onkel, den ich schon etwa zehn Jahre nicht gesehen hatte und der bei der Polizei arbeitete. Wir gingen essen, und als ich anschließend aus dem Restaurant trat, begegnete ich einem Bekannten Pierres, einem Franzosen, der nichts Besseres zu tun hatte, als Pierre zu erzählen, ich würde wieder mit anderen Männern ausgehen. Als ich ein paar Tage später nach Hause kam, standen meine Sachen vor der Tür: Pierre hatte mich hinausgeworfen. Zu dem Zeitpunkt hatte ich mich noch nicht entschlossen, bei ihm zu bleiben, doch ich konnte nicht hinnehmen, dass man mich zu Unrecht beschuldigte. Ich wollte ihm zeigen, wer ich war, damit er sich selbst von meiner Schuld oder Unschuld überzeugen konnte. Es gehe mir nicht darum, mit ihm zusammenzubleiben, erklärte ich ihm. Auch sei ich im Unterschied zu dem, was über mich geredet werde, keine »ehemalige Prostituierte«, sondern eine Frau, die zur Prostitution *gezwungen* worden sei. Er solle nicht behaupten, ich hätte mit diesen Typen Sex, denn das stimme nicht. Ich wolle nur eins: aus diesem Sumpf herauskommen. Wenn ich Geld bräuchte, würde ich mich an Lolo wenden oder an andere Freunde, jedoch nicht an einen mittellosen Khmer. »Schon gut«, entgegnete er, »aber du wurdest gesehen, als du …« Ich wusste genau, was ich wollte, und diskutierte lange mit ihm. Ich bat ihn, mir eine letzte Chance zu geben. Und in dem Augenblick beschloss ich, mit ihm zusammenzuleben. Ich wollte ihm beweisen, dass ich anständig war, dass eine Frau, die der Prostitution entkommen will, sich zu diesem Zweck nicht prostituiert. Es war nicht einfach, ihn zu überzeugen.

Die Sache brachte mich ins Grübeln. Bislang hatte ich große Achtung vor den Weißen gehabt. Ich hielt sie für ehrbar, unabhängig und menschlich, doch als Pierre die Beschuldigungen seines Bekannten ernst nahm, dämmerte mir, dass Weiße und Khmer womöglich doch Gemeinsamkeiten haben …

Ich blieb also bei ihm. Kurze Zeit später zogen wir für ein paar Monate zu einer Freundin von ihm, Brigitte, die in einen Kambodschaner namens Sareth verliebt war. Irgendwann kam Pierre, der inzwischen nicht mehr als Biologe arbeitete, auf den Gedanken, ein Restaurant mit Barbetrieb zu eröffnen. Wir fanden ein Lokal am Flussufer, in der Nähe der vier Arme des Mekong, das er *L'Ineptie* taufte, »Zur Dummheit«. Das war 1992. Pierre steckte all seine Ersparnisse, ein paar tausend Dollar, in die Inneneinrichtung. Es gab keine Tische, sondern man saß auf Matten, wie in Kambodscha üblich.

Mit der Rolle der Frau des Besitzers würde ich mich nicht zufrieden geben, sagte ich ihm. Ich wolle arbeiten, für Geld. Ich rede nicht viel, aber ich weiß, was ich will, und ich weiß, was ich kann. Zuvor fragte ich jedoch meinen Vater und meinen Bruder um Rat. Sie gingen anschließend zu Pierre und sprachen mit ihm. Ich hatte ihnen versichert, dass ich bei diesem Mann bleiben wolle, meine ganze Energie aber darauf verwenden würde, meine Adoptivfamilie zu unterstützen. Acht Jahre gab ich mir: drei hier mit Pierre, vier in Frankreich, um Französisch zu lernen, und ein letztes wieder hier, um eine Arbeit zu finden und die Zukunft meiner Familie zu sichern. Im Dorf meines Vaters gab es fast nichts mehr zu essen. Die meisten Kinder waren aus dem Haus, verdienten aber so wenig, dass es kaum zum Überleben reichte. Die Aussichten waren ziemlich düster.

Ich hatte das Gefühl, mein Leben sei zu Ende. Auch mein Körper schien tot zu sein. Manchmal, wenn wir zusammen schliefen, hielt Pierre plötzlich inne und sagte, er wolle mich zu nichts zwingen. Trotzdem wurde ich die Vorstellung des Freiers, der sich seinen Willen mit Gewalt verschafft, nicht los – ich konnte nichts dagegen tun. Es war mir unmöglich, wieder zum Zustand ursprünglicher Unschuld zurückzukehren. Ich wusste nicht, wo meine Jugend geblieben war, oder wie ich, wenn schon nicht glücklich, so doch wenigstens zufrieden leben könnte. Pierre war zwar sehr lieb, aber die Nächte blieben schwierig für mich.

Der Wunsch zu lernen war das, was mir Halt gab. Ich belegte einen Französischkurs bei der Alliance Française. Gemeinhin sprach ich nicht viel, und an manchen Tagen machte ich den Mund gar nicht auf. Oft weinte ich, weil ich Pierre nicht liebte. Dennoch war er der Einzige, der mir helfen konnte, denn er war neugierig und interessierte sich einfach für alles.

Als das Lokal eröffnet war, musste Pierre vorübergehend nach Frankreich, um eine berufliche Angelegenheit zu regeln. Binnen zwei Wochen wollte er wieder zurück sein. Er gab mir zwanzig Dollar Haushaltsgeld. Ich hätte mir anderweitig Geld beschaffen können, sagte mir aber: Na schön, dann müssen wir eben damit auskommen. Zwanzig Dollar reichen zumindest fürs Essen. Ich stand in engem Kontakt zu den Nachbarn, einer Familie mit zwei sehr hübschen Kindern. Abends kamen sie zu mir herüber und schliefen mit mir in der Wohnung über dem Lokal, denn ich wollte nachts nicht allein bleiben. Wir warteten auf Pierre – es schien ewig zu dauern, und ich dachte schon, er hätte mich verlassen. Da bekam ich einen auf Khmer verfassten Brief in ungelenker Schrift – meine Handschrift ist allerdings auch nicht besser. Pierre war krank geworden, ein Malariaanfall oder etwas Ähnliches. Nach einem Monat kehrte er endlich zurück.

Wir hielten unser kleines Bistro am Laufen, indem wir Kaffee, Bier und Sandwiches verkauften. Damals wimmelte es in der Stadt von UNO-Mitarbeitern und Blauhelmen, die den Übergang zu den ersten freien Wahlen sichern sollten. Man konnte sich darauf verlassen, dass diese Leute immer Durst hatten. Pierre zahlte mir zwanzig Dollar pro Monat, und da erinnerte ich mich auf einmal an meine Kindheitsträume. Es fällt mir nicht leicht, das zuzugeben, aber ich habe eine Schwäche für Kleider und Schuhe ... Als ich klein war, bekamen alle an Neujahr, dem *Phiom-benh*-Fest, vor allem aber beim kambodschanischen Neujahrsfest, dem *Chaul Chhnam*, das im April gefeiert wird, neue Kleider, um damit in die Pagode zu gehen oder einfach nur zu promenieren. Ich bekam nie etwas geschenkt und bewunderte die Kleider der anderen Kinder. Aber eines Tages, so sagte ich mir, wäre ich an der Reihe! Einmal, als ich etwa zwölf Jahre alt war, kam eine Frau ins Dorf, die aus der Stadt stammte, aber mit einem Dorfbewohner verheiratet war. Mir kam sie vor wie eine Göttin, ganz schlank und mit weißer Haut, und ich wurde nicht müde, sie anzuschauen. Sie sprach leise, war wirklich hübsch ... und trug spitze Schuhe. Meinen Schwestern und mir blieb der Mund offen stehen, als wir dieses außergewöhnliche Schuhwerk sahen. Wir gingen natürlich barfuß. Daher kaufte ich mir von meinem ersten Monatslohn – es war wirklich mein erstes eigenes Geld, das ich nicht verdient hatte, indem ich meinen Körper verkaufte – auf dem Markt Kleider. Viele Kambodschanerinnen lieben Schmuck, Gold und Diamanten, doch mich interessiert das alles nicht. Ich entdeckte ein prachtvolles violettes Kleid mit weißem Kragen und fand mich hinreißend darin! Das Kleid war zwar überteuert, aber das war mir egal. Es war viel zu schön, als dass es sich gelohnt hätte, darum zu feilschen. Am Abend, als meine Schicht zu Ende war, ging ich in die Wohnung hinauf und probierte mein neues Kleid an. Ich zeigte es niemandem, da ich sehr schüchtern war, es war nur für mich, das Kleid einer Fee.

Trotz allem fühlte ich mich ausgebeutet. Pierre hätte mir mehr zahlen müssen – fünfzig oder sechzig Dollar. Ich fing um sieben Uhr morgens an zu arbeiten und hörte erst um ein oder zwei Uhr nachts auf. Er wandte ein, ich bekäme ja Kost und Logis. In den folgenden Monaten gelang es mir, ein wenig Geld beiseite zu legen. Ich sparte und nahm mir vor, dann ganz viele Kleider auf einmal zu kaufen! Fast meinen gesamten Verdienst gab ich dafür aus. Ich kaufte auch Schuhe, fand aber keine spitzen. Bald ging ich zu gebrauchten Kleidern über, die weniger kosteten. Ich kann mich noch an ein grünes mit großen Blumen erinnern, das ich ständig trug.

Eines Tages rief Pierre seine Mutter an und erzählte ihr, er habe sich von seiner französischen Freundin getrennt und lebe nun mit mir zusammen. Sie rief: »Eine Ausländerin! Das wird niemals gut gehen!« Ich war enttäuscht: Waren die Weißen etwa auch Rassisten, so wie die Khmer? Pierre sagte zu mir: »Ihre Meinung ist mir egal. Ich bin nicht mit meiner Mutter verheiratet, und du auch nicht. Ich bleibe bei dir.« Ich war schockiert, als ich ihn so reden hörte. Wie kann einem die Meinung seiner Mutter egal sein? Man schuldet ihr doch Respekt! In Kambodscha gehorcht man seinen Eltern, egal, wie alt man ist. Ich kannte die Welt der Weißen noch nicht richtig.

Wir hatten einen Nachbarn, der ursprünglich aus Toulouse kam und vorschlug, wir sollten ein Video mit mir aufnehmen, das Pierre dann seiner Familie zeigen könnte. Pierre filmte mich, doch ich war vor Scheu wie gelähmt und bekam den Mund nicht auf. Die Franzosen dagegen, die wir zum Essen einluden, redeten ohne Unterlass. Noch nie war ich Leuten begegnet, die so viel redeten. Erschöpft, wie ich war, fragte ich mich, worüber sie sich eigentlich bis in die frühen Morgenstunden unterhielten.

Eines Tages schlug Pierre vor, gemeinsam nach Siem Reap zu fahren und die Tempelanlagen von Angkor Wat zu besichtigen, die ich nicht kannte. Wir gingen an Bord eines Schiffes, das zwischen Phnom Penh und Siem Reap verkehrte. Wir fuhren flussaufwärts und überquerten auch den Großen See. Am nächsten Tag kamen wir in Siem Reap an und wohnten in einem Haus, das von einer NGO, einer Nichtregierungsorganisation, gemietet worden war und einer Familie wohlhabender Sirupfabrikanten gehörte. Unsere Gastgeber behandelten mich ausnehmend freundlich. Ich fragte mich, warum sie sich so reizend um mich kümmerten, denn früher hatten Reiche mich immer ziemlich schlecht behandelt. Dann begriff ich, dass sie dachten, als Frau eines Weißen müsse ich Geld haben. Vorher war ich für sie ein Nichts, niemand hatte sich für mich interessiert.

Wir begannen mit der Besichtigung der Tempel, und was ich da sah, versetzte mich in Erstaunen. Dies überstieg alles, was ich in der Schule über die Arbeit der frühen Baumeister und die ständigen kriegerischen Auseinandersetzungen gehört hatte. Außerdem war ich endlich wieder einmal im Wald, denn die Tempelanlagen sind von Wald umgeben. Jahrelang hatte ich nicht mehr an die Wälder meiner Kindheit in der Provinz Mondolkiri gedacht, am anderen Ende des Landes. Die Erinnerung daran kehrte auf einen Schlag zurück. In Preah Khan und Ta Prohm faszinierten mich vor allem die Bäume, die sogar auf den Türmen und Mauern wachsen. Der Dschungel umschlingt diese Denkmäler, eine Symbiose, für die ich sehr empfänglich bin. Doch wegen der vielen Minen können wir uns auf dem Gebiet nicht so frei bewegen, wie wir möchten.

Zwei Wochen verbrachten wir dort und besichtigten alles eingehend. Zu jedem Bauwerk hielt Pierre mir einen kleinen Vortrag. Ich verstand nicht, warum er als Weißer sich so genau damit auskannte, während ich als Kambodschanerin so wenig darüber wusste. Ich fragte ihn, ob er in einem früheren Leben schon einmal in Kambodscha gelebt habe. Es genüge, Bücher darüber zu lesen, antwortete er. Ich hatte mir gar nicht vorstellen können, dass es Bücher über die Geschichte Kambodschas und seine Bauwerke gab ... Wir besuchten auch den wunderbaren Tempel von Banteay Srey, ein wahres Schmuckstück, zwanzig Kilometer von den anderen entfernt und nur über holprige Pisten zu erreichen, die mitten durch den Dschungel führen. Zum Teil mussten wir unser Motorrad schieben, wegen der vielen Schlaglöcher. In diesem Wald wurde ich von Erinnerungen und Empfindungen förmlich überfallen. Ich fand ein kostbares Gut wieder, als knüpfte ich an ein verloren geglaubtes geheimes Leben an. Wieder einmal fragte ich mich: Wer bin ich? Woher komme ich? Nur mit Mühe bekam Pierre mich von dort weg. Ich wurde eine andere. Und ich wollte unbedingt wiederkommen.

Pierre hatte beschlossen, mit dem Flugzeug nach Phnom Penh zurückzukehren. Ich hätte lieber ein Boot genommen, da ich noch nie in eine dieser Maschinen gestiegen war und nicht begriff, wie sie funktionierten. Die ganze Nacht lag ich wach und kam fast um vor

Angst. Am nächsten Morgen fanden wir uns dann doch auf dem Flughafen ein. Ich war völlig aufgelöst. Pierre musste mich auf meinen Sitz drücken und anschnallen, während er beruhigend auf mich einredete. Der Start und die Landung versetzten mich regelrecht in Panik. Bei der Ankunft war ich leichenblass und konnte mich kaum auf den Beinen halten.

Immer wieder dachte ich darüber nach, was Pierre für ein Mensch war, was er vom Leben erwartete. Und all diese Gedanken liefen stets auf dieselben Fragen hinaus: Kann er mir helfen? Ist er der Richtige für mich?

Eines Tages geriet ich im Bistro mit einem unserer Angestellten in Streit. Ich weiß nicht mehr, weshalb – jedenfalls wurden wir beide sehr schnell laut. Er beschimpfte mich als »schwarze Wilde«, als *phnong*, Barbarin. Ich rief Pierre zu Hilfe, doch anstatt mich zu unterstützen, schrie er mich an. Ich schrie zurück. Da gab er mir eine Ohrfeige. Weinend rannte ich hinaus. Wie der »Großvater«, wie mein Ex-Mann schienen alle Männer, egal ob Khmer oder *barang*, zu glauben, sie könnten mir gegenüber handgreiflich werden. Diese Erkenntnis machte mich unendlich traurig. Aber ich durfte mein Ziel nicht aus den Augen verlieren, und vielleicht war Pierre trotz seiner Fehler ja doch eine gute Wahl ... Am nächsten Tag redete er mit mir, als wäre nichts geschehen, doch ich hüllte mich in Schweigen.

Mit dem Bistro ging es bergab. Manchmal kam es zu Schlägereien, die uns das Leben schwer machten. Wie groß war mein Erstaunen, als eines Tages Kameruner auftauchten, die zu den Blauhelmen gehörten. Sie tranken und tanzten die ganze Nacht. In Kambodscha wurde ich als »Schwarze« angesehen – und da waren nun diese

»Weißen«, deren Haut schwärzer war als meine. Unfassbar!

Da die allgemeine Lage sich immer mehr zuspitzte, je näher die Wahlen rückten, und das Bistro infolgedessen immer weniger Umsatz machte, zog Pierre eine Rückkehr nach Frankreich in Erwägung. Ich konnte jedoch nur dann mit ihm gehen, wenn wir verheiratet waren. Mir lag nichts an einer Heirat, doch es gab keine andere Möglichkeit, an einen Pass und ein Visum zu kommen. Also verkauften wir das Bistro und warteten auf unsere Papiere. Zwischenzeitlich fand ich einen Job bei der UNO, der mir hundert Dollar pro Monat einbrachte – ein Vermögen!

In den Heiratspapieren stand als Termin der Eheschließung der 8. Mai, ein Feiertag in Frankreich und außerdem das Datum von Pierres erster Hochzeit. Also strich ich es durch und trug den 10. Mai ein, nur um ihn zu ärgern! Es gab einen kleinen Umtrunk in einer afrikanischen Kneipe, und danach aßen wir in einem indischen Restaurant. Pierre hatte mehrere Jahre in Afrika gearbeitet und genoss die Gesellschaft von Afrikanern. Am 16. Mai 1993 reisten wir ab. Zum ersten Mal musste ich das Land verlassen, noch dazu mit dem Flugzeug. Meine Schwestern begleiteten mich zum Flughafen und weinten sich die Augen aus. Mir schnürte es vor Angst die Kehle zusammen. Ich hatte sorgsam gepackt und auch ein Messer in den Koffer gesteckt, für den Fall, dass Pierre mich bei der Ankunft verkaufen wollte. Bei uns hieß es, in seinem Land gebe es Frauenhandel, man dürfe niemandem trauen. Mein Vertrauen in die Menschen war ohnehin begrenzt. Ich hatte mir geschworen, wenn er mich verkauft, bringe ich ihn um.

In der Fremde

Im Flugzeug gestand Pierre mir, er habe sein ganzes Geld in das Bistro gesteckt. Alles in allem besitze er noch etwa fünfhundert Francs; wir müssten den Gürtel eben enger schnallen. Mit diesem Betrag sollten wir also ein neues Leben beginnen. Mir machte das keine Angst, an Mangel war ich schließlich gewöhnt.

Wir legten einen Zwischenstopp in Kuala Lumpur, Malaysia, ein. Den dortigen Flughafen konnte man nur über eine Rolltreppe verlassen, doch ich weigerte mich: Nie im Leben würde ich einen Fuß auf diese riesige graue Schlange setzen. Pierre musste mich schließlich an die Hand nehmen. Bis zum Abflug am nächsten Tag gingen wir in ein Hotel. Es war ein Luxushotel im fünfundzwanzigsten Stock eines Bürogebäudes, die Übernachtung war im Flugpreis inbegriffen. Auf der Fahrt dorthin fielen mir die vielen prächtigen Hochhäuser auf; es war eine andere, mir völlig unbekannte Welt. Alles versetzte mich in Staunen. Im Hotel angekommen, ließ Pierre mir ein Schaumbad ein. So etwas hatte ich noch nie gesehen. Er wollte, dass ich in die Wanne stieg, aber ich hatte schreckliche Angst, darin zu ertrinken. Außerdem war das Wasser heiß. Mein ganzes bisheriges Leben hatte ich mich nur mit kaltem Wasser gewaschen. Und obwohl ich seit drei Jahren mit Pierre zusammenlebte, hatte ich mich vor ihm nie vollständig ausgezogen; ich duschte stets mit einer *krama*-Schärpe oder einem Handtuch um die Hüften. Also bat ich ihn, das Badezimmer zu verlassen, bevor ich in die Wanne stieg. Die Hitze empfand ich als sehr unangenehm. Zudem fürchtete ich, der Schaum könnte immer höher steigen und mich am Ende verschlingen. Allmählich legte sich die Angst aber, und ich begann das Ganze sogar ein wenig zu genießen.

Danach wollte Pierre spazieren gehen. Ich zog einen schönen grünen Sarong an, jenen langen kambodschanischen Rock, der dem der Malaien ähnelt. Auf der Straße hielten mich die Leute für eine der ihren und sprachen mich auf Malaiisch an. Wir besichtigten die großen Moscheen, und ich fand alles wunderschön und sauber. Dann mussten wir wieder ins Flugzeug steigen. Diesmal sagte ich nichts, denn ich wollte beweisen, dass ich stark sein konnte.

Am 18. Mai 1993 kamen wir in Paris an; es war ein kühler Tag. Wir fuhren gleich zu Jeanine, Pierres Tante, die in einem Vorort wohnte. Ich war nicht warm genug angezogen, das sah sie gleich. Also drehte sie die Heizung auf, doch ich wusste gar nicht, was das war. Ich dachte, sie hätte die Klimaanlage eingeschaltet, und sagte zu Pierre, sie möge sie doch bitte ausmachen … Ich hatte keinen Pullover, Pierre übrigens auch nicht.

In Paris fand ich alles trist, die schwarzen Bäume, den Mangel an Grünflächen und Blumen. Die Pflanzen sahen alle wie tot aus. Doch was mich am meisten entsetzte, war die Tatsache, dass Hunde im Haus lebten. Bei uns bleiben Tiere draußen; wir finden sie zu schmutzig. Die Häuser in Frankreich sind klein und kleben förmlich aneinander, es gibt keinen Platz dazwischen. Man kriegt keine Luft darin.

Um mir eine Freude zu bereiten, hatte Jeanine beschlossen, Reis zu kochen, als Beilage zu dem Schinken, den wir gekauft hatten. Um zwölf Uhr hatte sie immer noch nicht damit angefangen. Bei uns beginnt man zwischen zehn und elf Uhr vormittags damit, den Reis langsam über der Glut zu kochen. Als ich sah, dass sie Plastikbeutel ins Wasser warf, hielt ich sie für verrückt. Innerhalb weniger Minuten war alles fertig, sie gab nur noch Butter hinzu und servierte den Reis. Er war roh! Von rohem Reis bekommt man bei uns Durchfall. Ich sagte zu Pierre, der Reis sei ekelhaft. Aber der Schinken schmeckte mir sehr gut.

Dann fuhr Pierre für zwei Tage zu Freunden. Er ließ mich einfach in der Wohnung zurück und meinte, ich käme schon irgendwie zurecht – wo ich doch kaum ein Wort Französisch sprach! Ich verbrachte die ganze Nacht im Badezimmer, dem einzigen Raum, in dem ich Licht machen konnte, und fragte mich, mit welchem Recht er mich einfach bei seiner Tante abstellte, ohne einen Cent in der Tasche. Benahmen sich alle Franzosen so? Ich sagte mir, dass ich stark sein müsse, und schwor mir, ihn wegen seines Verhaltens zur Rede zu stellen.

Als er endlich zurückkam, schlug er vor, Paris zu besichtigen. Wir wohnten am äußersten Stadtrand und mussten erst den Zug und dann die Metro nehmen. Für mich war all das neu, rätselhaft und beunruhigend. Dieser Zug, der über zwei eiserne Stangen raste, drohte ständig zu entgleisen. Bei uns bewegen sich Züge im Schritttempo fort …

Wir fuhren zum Eiffelturm. Alle Welt kennt ihn, doch ich hatte noch nie davon gehört. Pierre erklärte mir, wie Monsieur Eiffel sein Bauwerk errichtet hatte. Ich erwiderte, für mich sei das nur ein Haufen Eisen, der dem Turm in Angkor und seinen zarten Steinskulpturen nicht das Wasser reichen könne. Ich war nicht im Mindesten beeindruckt, fand ihn regelrecht hässlich. Heute kenne ich seine Geschichte, und er gefällt mir.

Ich hatte Hunger, denn außer dem Reis, den ich nicht mochte, gab es nicht viel zu essen. Pierre hatte mir keinen Centime gegeben, trotzdem sagte ich nichts. Ich sah, wie Leute Geld aus einem Kasten holten, der in eine Hauswand eingelassen war. »Aha, so funktioniert das hier«, dachte ich. »Wenn man Geld braucht, spuckt der Kasten welches aus. Wirklich eine gute Idee!« Ich faltete ein Stück Papier und steckte es in den Schlitz. Nichts geschah. Später fragte ich Pierre, weshalb mir der Automat kein Geld gegeben hatte. Er erklärte mir, wie es funktioniert, und noch heute finde ich diesen Vorgang unglaublich. Wir gingen auch in Geschäfte – was für ein großartiger Anblick! Lauter spitze Schuhe! Und die schönen Kleider! Auf einmal kamen mir meine eigenen, die ich aus Kambodscha mitgebracht hatte, ganz schäbig vor.

An einem Abend waren wir bei Pierres Onkel Jean zum Essen eingeladen. Pierre hatte mir zuvor erklärt, in seiner Familie sei man ziemlich konservativ. Jean holte mich mit einem schönen Auto ab – keine Ahnung, wo Pierre steckte – und half mir beim Anschnallen. Als wir angekommen waren, stieg er aus und schlug die Fahrertür zu. Leider gelang es mir nicht, mich aus diesem verdammten Gurt zu befreien. Jean gab mir Zeichen, doch ich kriegte das Ding nicht auf. Schließlich musste er mir erneut helfen.

Die Gerichte, die serviert wurden, waren allesamt neu für mich. Von manchen wurde mir übel, zum Beispiel von dem Fisch in Sahnesoße, den ich nur widerwillig hinunterschluckte, und auch von all den Käsesorten mit ihrem ekelerregenden Gestank. Es kam mir so vor, als würden die Franzosen Unmengen essen. Ich dagegen müsste wohl verhungern, dachte ich, und ich hatte auch schon abgenommen.

Wir fuhren nach Nizza, zu Pierres Mutter, deren Hund Tatou ständig wie wild bellte und am Tisch von einem Tellerchen fraß. Die Nähe von diesem Tier widerte mich an. Am Abend unserer Ankunft war Pierre bei Freunden eingeladen, und ich ahnte schon, dass sie ohne Unterlass reden würden, während ich mich langweilte. Ich hatte mich gezwungen, ein paar Ofenkartoffeln zu essen, denn ich dachte, man müsste sich an die Gepflogenheiten des Landes anpassen, in dem man zu Besuch war. Doch der Reis fehlte mir. Nach dem Essen ging ich auf die Toilette, um mich zu übergeben …

Ich war sprachlos, wie viele Gänge serviert wurden, wie reichlich sie waren und vor allem, dass die Leute nicht aufaßen. Von dem, was sie auf ihren Tellern zurückließen, hätte man in Kambodscha ganze Familien ernähren können. Bei uns aß man Fleisch nur ein- oder zweimal pro Jahr, zu besonderen Anlässen. Für zwanzig Personen kaufte meine Adoptivmutter zweihundert Gramm Fleisch, das sie sehr fein hackte. Mit anzusehen, was für eine Orgie diese Franzosen feierten, bereitete mir Unbehagen. Sie schnitten das Fett weg, ließen Fleisch am Knochen, warfen Fischhaut und Gräten weg – alles

Dinge, nach denen ich mich verzehrt hätte! Mein Vater hatte uns beigebracht, unseren Teller leer zu essen und jedes Reiskorn, das auf den Tisch gefallen war, aufzuheben. Wir wussten alle, was für eine Arbeit es bedeutete, Reis zu kochen, da wir alle, so klein wir auch waren, bei seiner Zubereitung mithalfen. Essen wegzuwerfen, wie es diese fröhliche Tafelrunde tat, wäre unvorstellbar für uns gewesen. Der Abend zog sich hin … ein Uhr … zwei Uhr … Sie hörten nicht auf zu plappern. Pierre übersetzte nicht ein einziges Wort für mich, ich war verloren, litt noch immer unter der Zeitverschiebung und fühlte mich völlig erschöpft. Eine kleine schwarze Wilde, die von sieben Uhr abends bis zwei Uhr morgens einsam in ihrer Ecke saß, ohne ein Wort zu sagen …

Ich wollte einen Französischkurs absolvieren, doch dafür hatten wir kein Geld. Vor der Abreise aus Kambodscha hatte ich ein paar Brocken bei der Alliance Française gelernt, doch das war auch schon alles. Ich hatte ein Wörterbuch mitgebracht und bat Pierre, mir ein Kinderbuch zu empfehlen. Doch die Lektüre, die er mir gab, *Patricia und der Löwe* von Joseph Kessel, erwies sich als zu schwierig für mich.

Wir wohnten bei meiner Schwiegermutter, und ich spürte deutlich, dass sie mich nicht mochte. Für sie war ich nur eine Fremde. Also verbrachte ich die meiste Zeit in meinem Zimmer, ohne mich mit jemandem unterhalten zu können. Ich kam mir vor wie im Gefängnis. Eines Tages ging ich ein wenig hinaus und fand ein Exemplar der Zeitung *Nice-Matin*. Beim Durchblättern stieß ich auf das Wort »Stellenangebote« und schaute es im Wörterbuch nach. Man konnte also mit Hilfe dieser Zeitung Arbeit suchen! Indem ich Wort für Wort nachschlug, fand ich heraus, dass ein Zimmermädchen gesucht wurde. Ich bat meine Schwiegermutter, mich zu der Vermittlungsstelle zu bringen. Dort gab es alle möglichen Ausländer, und ich machte dem Leiter mit Händen und Füßen deutlich, dass ich arbeiten wollte. Er gab mir den Job. Gleich am nächsten Tag konnte ich anfangen. Meine Schwiegermutter begleitete mich zum Hotel *Hibiscus*, und ich merkte mir den Weg.

Am nächsten Morgen verließ ich das Haus um halb sieben und gelangte, ohne mich zu verlaufen, zum Hotel. Eine Madame Josiane empfing mich und teilte mir ein Dutzend Zimmer zu. Putzen konnte ich schon, doch das Bettenmachen musste ich erst lernen – und wie man mit dem Staubsauger umging. Vor dem Gerät hatte ich eine Heidenangst. Stets fürchtete ich, es könnte sich an meine Füße heften und an mir hochkrabbeln. Ich musste mich wirklich zwingen, dieses Untier zu bändigen, das einen entsetzlichen Lärm machte. Am liebsten hätte ich jedes Mal losgeheult. Nach zwei, drei Tagen hatte ich das Problem im Griff und machte meine Arbeit ganz passabel. Eine Woche war vorüber, und Madame Josiane schien zufrieden zu sein. Sie mochte mich. Eine Mittagspause machte ich nicht, so konnte ich um drei Uhr gehen – ohne gegessen zu haben. Am Ende des Monats bekam ich mein erstes Gehalt. Ich war erst seit zwei Monaten in Frankreich und hatte bereits zweitausendfünfhundert Francs verdient! Mit der Zeit konnte ich mich ein wenig verständigen, vor allem mit den Hotelgästen, die mir manchmal ein Trinkgeld gaben. Einmal hatte ich einer alten Dame dabei geholfen, ihre Koffer zu verstauen. Sie nahm meine Hand und rief: »Hübsch! Wie hübsch!« Da ich das Wort nicht kannte, bat ich sie, es aufzuschreiben, damit ich es im Wörterbuch nachschlagen konnte. Es war das erste Mal, dass mir jemand sagte, ich sei hübsch! Ich schaute in den Spiegel und dachte, sie hätte sich über mich lustig gemacht.

Nach drei Monaten sprach ich genug Französisch, um kleinere Unterhaltungen führen zu können. Mein Gehalt hatte ich per Scheck bekommen. Was sollte ich damit? Pierre, der ein wenig gekränkt war, weil ich vor ihm eine Arbeit gefunden hatte, erklärte mir, ich müsse ihn auf unser Konto bei der Bank einzahlen. Sofort befiel mich die Angst, dass Pierre Zugriff auf mein Geld hätte, wenn wir uns scheiden lassen würden. Ich verkündete, ein eigenes Konto eröffnen zu wollen. »Du traust keinem über den Weg, was?!«, rief er. Bei der Bank wurde ich dann gefragt, ob jemand anderes Zugang zu meinem Konto haben solle, mein Mann zum Beispiel. Ich sagte nein, auf keinen Fall. Mein Vertrauen in Pierre war nicht besonders groß: Keine acht Tage waren wir in Nizza, und schon hatte er seine Ex-Frau besucht. Er war um fünf Uhr nachmittags hingegangen und um drei oder vier Uhr morgens zurückgekehrt. Ich liebte ihn vielleicht nicht, aber eifersüchtig war ich trotzdem.

Meine Schwiegermutter verhielt sich mir gegenüber sehr feindselig. Einmal waren Freunde von ihr für ein paar Tage zu Besuch, sie hatten ihre Kinder dabei – die Art von Kindern, die nicht zu bändigen sind und ständig etwas anstellen. Ich sagte zu einem der Kleinen: »Spring nicht so herum. Wenn *yey* wiederkommt, wird sie böse.« *Yey* nennen wir in Kambodscha Frauen im Alter unserer Großmutter, es ist eine respektvolle Bezeichnung. Doch die Mutter der Gören hatte »vieille«, die Alte, verstanden und erzählte meiner Schwiegermutter sofort, wie ich sie angeblich nannte, sobald sie mir den Rücken kehrte. Meine Schwiegermutter wurde wütend, ihre blauen Augen funkelten zornig, und sie schloss mich in meinem Zimmer ein. Ich war sehr traurig darüber, denn ich begriff nicht, weshalb sie so böse mit mir war. Sie wusste doch, dass ich nur wenig Französisch sprach.

Als Pierre zurückkam, erzählte ich ihm alles. Er hatte Verständnis und klärte seine Mutter über das Missverständnis auf, doch auch danach fühlte ich mich unwohl in ihrer Gegenwart. Sie machte mir Angst, und ich wagte nicht, etwas zu essen, wenn ich am Nachmittag nach Hause kam. Innerhalb von drei Monaten nahm ich zehn Kilo ab. Ich fürchtete, immer schwächer und schließlich krank zu werden. Einmal servierte sie uns ein Spiegelei mit Spinat, während der Hund Fleisch bekam. Sprachlos sahen Pierre und ich uns an. Sie tat alles, um mich zu erniedrigen. Wenn sie Besuch bekam, empfing sie ihre Freundinnen im Salon und sperrte mich in mein Zimmer. Wenn ich von der Arbeit zurückkam, musste ich die Küche aufräumen und Geschirr spülen. Ich sagte Pierre nichts davon. Nach kambodschanischer Sitte muss man sich von seiner Schwiegermutter alles gefallen lassen und darf sich nicht bei seinem Mann über sie beschweren, sonst »zündest du draußen Feuer an, bis es auch drinnen brennt«, was bedeutet, dass der Sohn dann für die Mutter Partei zu ergreifen gezwungen ist. Es ist daher das Beste zu schweigen. Und genau das tat ich. Man hatte mich zur Sklavin erzogen, also benahm ich mich auch wie eine Sklavin.

Ich beschloss, mir ein anderes Hotel zu suchen. Im *Hibiscus* zahlten sie schlecht, ich arbeitete sieben Tage die Woche, auch samstags und sonntags, und manche Gäste wurden sogar zudringlich. Im Hotel *Congés Bleus*, wo ich schließlich eine neue Anstellung fand, stiegen Rentner ab, die dort zwei oder drei Wochen Urlaub machten, was einem die Möglichkeit gab, sie näher kennen zu lernen. Manche Gäste hingen sehr an mir und nannten mich ihre »kleine chinesische Prinzessin«. Ich mag alte Menschen. Sie verdienen, dass man sich um sie kümmert und ihnen Respekt entgegenbringt. Die anderen Dienstmädchen ließen mich gewähren. Einer der Gäste, Monsieur René, war ein wenig schwierig.

»Monsieur René, bitte machen Sie auf«, sagte ich zu ihm. »Ich bin's, Somaly, das Zimmermädchen. Monsieur René, ziehen Sie sich bitte an, bevor Sie die Tür öffnen. Ich will Sie nicht unbekleidet sehen!«

Irgendwann ging dann die Tür auf, und ich konnte mit meinem Frühstückstablett eintreten. Ich stellte es ab und lüftete, denn es roch ein bisschen streng im Raum.

»Wer bist du?«, fauchte er.

Ich erklärte ihm, ich sei neu und käme aus Kambodscha. Ich sprach freundlich mit ihm, während er nur alle Welt beschimpfte.

Andere Leute dagegen freuten sich, dass ich mich um sie kümmerte. Einige, die an Rheuma litten, massierte ich, wie es bei uns in Kambodscha üblich ist – das gefiel ihnen sehr.

Eines Tages ohrfeigte mich meine Schwiegermutter. Da sagte ich mir: »Jetzt reicht's.« Für mich war die Grenze des Erträglichen überschritten. Pierre zeigte Verständnis, und wir mieteten eine kleine Wohnung; er hatte gerade Arbeit in einem Labor gefunden. Auf sein Drängen hin rief ich seine Mutter eines Tages an und sagte ihr alles, was ich auf dem Herzen hatte. Nachher war ich ungeheuer erleichtert. Zum ersten Mal hatte ich es tatsächlich gewagt, so offen mit einem älteren Menschen zu sprechen!

Nach einer Weile arbeitete ich halbtags als Zimmermädchen und den Rest der Zeit in einem Restaurant. Früh am Morgen bereitete ich das Frühstück zu. Die Direktorin war sehr zufrieden mit mir, und viele Gäste gaben mir Trinkgeld, so dass ich ganz ordentlich verdiente. Nach sechs Monaten wurde Pierre arbeitslos.

Ich verließ das Haus morgens um sechs, um die gut zehn Kilometer bis zum Hotel zu Fuß zurückzulegen. Gegen fünf Uhr nachmittags kehrte ich nach Hause zurück. Um sechs ging ich zum China-Restaurant, wo ich vor allem Teller spülen musste. Um ein Uhr nachts war die Arbeit beendet. Bald war ich nur noch Haut und Knochen, und eines Tages fiel ich im Hotel in Ohnmacht. Der Arzt schrieb mich zwei Wochen krank, doch ich kann nicht tatenlos herumsitzen; nach zwei Tagen war ich wieder im Hotel. Dort begegnete ich ganz verschiedenen Menschen, konnte mein Französisch verbessern, und obendrein waren die Gäste sympathisch. Natürlich gab es Eifersüchteleien unter den Angestellten, und ab und zu wurde ich »Schlitzauge« genannt. Die Putzfrauen nahmen mir übel, dass ich Geschenke bekam, doch andere Kollegen meinten, ich solle einfach nicht darauf achten. Die Anfeindungen wurden jedoch immer heftiger, und eines Tages hatte ich genug. Ich lief in die Küche, schnappte mir ein Messer und rief: »Wenn ihr nicht aufhört, mir auf den Sack zu gehen, schlitze ich euch den Bauch auf!« (Man darf nicht vergessen, dass ich Französisch einfach so aufschnappte und keinen Unterricht von Lehrern mit gepflegtem Vokabular bekam ...) Und siehe da, von dem Moment an ließen sie mich in Ruhe. Sie sagten: »Somaly ist zwar klein, aber gefährlich!«

Eines Tages verließ ich das Hotel etwas früher als gewöhnlich und beschloss, mir Nizza ein wenig näher anzusehen; ich kannte die Stadt ja noch gar nicht richtig. Ich nahm den Bus und stieg irgendwo aus, in einem mir völlig fremden Viertel. Ich streifte durch die Straßen und hatte mich binnen kurzem verlaufen. Also rief ich Pierre an, doch er sagte nur, ich solle zusehen, wie ich wieder nach Hause käme. Wenn ich allein dorthin gefunden hätte, würde ich ja wohl auch allein zurückfinden. So ist Pierre nun mal. Da unsere Wohnung nicht weit vom Meer entfernt lag, sagte ich mir, ich bräuchte nur das Ufer zu finden und immer dort entlangzugehen, dann würde ich automatisch nach Hause kommen. Also marschierte ich weiter, bis mir die Füße wehtaten. Plötzlich sah ich ein Schild, auf dem *Ku tieu Phnom Penh*, »Nudelsuppe wie in Phnom Penh«, stand. Ein Schild auf Khmer, mitten in Nizza, unfassbar! Ich glaubte zu träumen. Ich ging hinein, und als ich die Leute auf Khmer ansprach, antworteten sie mir in meiner Sprache. Mir wurde schwindelig, Tränen schossen mir in die Augen. Ich nahm Platz und schlang zwei Schalen *ku tieu* hinunter, dann trank ich einen Kaffee mit Kondensmilch auf zerstoßenem Eis, wie er in Frankreich nur ganz schwer zu bekommen ist! Bald sollte ein Fest mit kambodschanischen Tänzen stattfinden. Da ich sie als Kind erlernt hatte, stellte ich mich zur Verfügung. Bei dieser Gelegenheit schloss ich viele Bekanntschaften.

Ich suchte eine andere Arbeitsstelle. Im Hotel verdiente ich etwa dreitausend Francs monatlich, doch unser Apartment kostete bereits zweitausendfünfhundert. Pierre hatte Kontakt zu jemandem aufgenommen, der ein Labor in Kambodscha aufziehen wollte, doch die Verhandlungen zogen sich hin.

In Strandnähe reihten sich zahlreiche asiatische Restaurants aneinander, und ich nutzte die Gelegenheit, um überall nach einem Job zu fragen. Ein Chinese aus Kambodscha bot mir eine Stelle an; bevor ich anfing zu arbeiten, durfte ich Reis essen. Da ich mich außerdem allmählich an die französische Kost gewöhnte, besonders an Kartoffelpüree, kam ich rasch wieder zu Kräften und nahm an Gewicht zu.

In dem China-Restaurant arbeitete ich schwarz. Manchmal wurde ich bezahlt, manchmal auch nicht. Pierre kam mich gegen ein oder zwei Uhr nachts abholen. »Geh weg, du stinkst!«, rief er oft. Ich fand das äußerst ungerecht. Natürlich riecht man nicht besonders gut, wenn man als Tellerwäscherin arbeitet, und ich hatte nach einem langen Arbeitstag nicht immer die Kraft, noch zu duschen. Schließlich bat ich Pierre, mich nicht mehr abzuholen. Lieber ging ich zu Fuß nach Hause. Ich hätte mich gern von meinem Mann in die Arme nehmen und trösten lassen, doch Zärtlichkeit und Sanftheit sind seinem Charakter fremd. Er ist ein ungehobelter Mensch mit Ecken und Kanten. Allerdings habe ich von ihm gelernt, meine Meinung zu vertreten und mich zu wehren, denn bei einem Mann wie ihm muss man das können.

Dann bekam ich Urlaub, zum ersten Mal Urlaub! Doch wir hatten überhaupt kein Geld. Ein Cousin meiner

Schwiegermutter, der in Villefranche im Beaujolais lebte, meinte, wir könnten zur Weinlese kommen. Also fuhren wir zu ihm. Er war überaus freundlich, hatte ein gutmütiges Mondgesicht und nannte mich sofort sein »kleines Schlitzauge«! Bei ihm und seiner Frau, die aus Polen stammte, fanden wir Arbeit.

Der Weinbauer hieß Marcel. Anfangs fürchtete er, ich sei zu mager für die anstrengende körperliche Arbeit. »Der wird sich wundern«, sagte ich zu Pierre. Am nächsten Tag begannen wir mit der Weinlese, und Pierre fand gleich alles unzumutbar – die Kälte, die Feuchtigkeit, die Erde, die an den Schuhen klebte ... Ich dagegen begeisterte mich für die Arbeit, ich liebte es, Reben abzuschneiden, und fand alles herrlich: die Schönheit der Trauben, die Farben, die Gerüche. Ich arbeitete zweimal so schnell wie die anderen. Marcel war sprachlos. Ab und zu legten wir eine »Fresspause« ein. In diesen Pausen lernte ich französischen Käse und französische Wurstwaren kennen, sprich: Erst da wurde ich zu einer richtigen Französin! Ich entdeckte die ländliche Küche mit ihren Suppen und Tellergerichten – das war etwas ganz anderes als Plastiksäckchen mit schnell kochendem Reis! Die körperliche Arbeit regte meinen Appetit an, und ich aß reichlich. Marcel brachte mir bei, wie man auf landesübliche Art Wein und Suppe zum *chabrot* mischt. Ich lernte Rotwein schätzen, und zum Abschied schenkte Marcel uns eine Kiste hervorragenden Beaujolais.

Anschließend fuhren wir zur Weinlese nach Burgund. Pierre gab auf, doch ich liebte diese Arbeit, vor allem in Gevrey-Chambertin! Der Weinbauer war so zufrieden mit mir, dass er mir zum Abschied eine Flasche ausgezeichneten Jahrgangswein schenkte. Der Cousin aus Villefranche bestätigte mir, es sei eine sehr teure Flasche. Also beschloss ich, sie mit nach Kambodscha zu nehmen und meinem Adoptivvater zu schenken. Er hatte noch nie Wein getrunken und würde natürlich nicht in der Lage sein, die Qualität zu beurteilen. Doch wenn jemand dieses Geschenk verdiente, dann war er es!

Rückkehr nach Kambodscha

ANFANG 1994 KEHRTEN WIR NACH Kambodscha zurück. Pierre hatte einen Vertrag mit *Ärzte ohne Grenzen*; er sollte Laboranalysen durchführen. Ich in meiner neuen Rolle als »Frau eines Weißen« hatte die Idee, eine Organisation für Frauen und Kinder zu gründen, die der Prostitution entkommen waren. Also nahm ich wieder Kontakt zu Bordellen auf, die wie Pilze aus dem Boden schossen.

Während wir in Kratie waren, einer Stadt am Mekong im Nordwesten des Landes, und ich gerade mit einer Reihe sehr junger Mädchen sprach, kam ein Zuhälter, den ich kannte. Er zog einen Revolver, hielt ihn mir an die Schläfe und rief: »Du hast hier nichts zu suchen, du Schlampe, ich bring dich um, wenn du nicht abhaust!« Im ersten Moment hatte ich Angst. Dann aber besann ich mich darauf, dass ich ursprünglich zu jenen berüchtigten Menschen aus dem Dschungel gehörte, die sich niemals fürchten. Also drehte ich den Kopf zur Seite und erwiderte: »Wenn Sie mich umbringen wollen, nur zu. Sie kriegen so oder so Probleme …«

Es war nur ein Bluff, doch er steckte die Waffe wieder ein. Und dann ließ ich ihn von der Polizei festnehmen!

Meine Bordellbesuche hatten nicht immer die erwünschte Wirkung. Die Mädchen erklärten mir, es helfe wenig, ihnen Kondome zu geben oder sie zur Untersuchung ins Krankenhaus zu schicken. Weigerte sich ein Freier, ein Kondom zu benutzen, war es unmöglich, ihn dazu zu zwingen; wenn die Prostituierte darauf bestand, beschwerte er sich, und dann wurde sie geschlagen. Im Krankenhaus verordnete man den Mädchen Behandlungen, die es erforderlich machten, dass sie ein paar Tage mit der Arbeit aussetzten. Noch am selben Abend hatten sie jedoch fünf oder sechs Kunden, und die Behandlung war hinfällig. Keine leichte Aufgabe für mich – ich musste noch einiges lernen. Mitleid genügte nicht, hier galt es, Überzeugungsarbeit zu leisten. Die Mädchen meinten, am besten wäre es für sie, wenn sie das Bordell verließen. Doch dafür fehlten mir die Mittel. Einstweilen mussten sie warten, bis ich eine Lösung gefunden hatte.

Ich hatte mit Vertretern von *Ärzte ohne Grenzen* gesprochen, und einer der Verantwortlichen hatte gemeint, diese Problematik entziehe sich seinem Einfluss. Daraufhin nahm ich seine Frau Marie-Louise mit in die Bordelle. Sie sah die verprügelten Mädchen, ihre Brandwunden, die von Zigaretten herrührten, ihre Schnittwunden und blauen Flecken. Als wir wieder ins Büro der *Ärzte ohne Grenzen* kamen, wurde sie von Weinkrämpfen geschüttelt und konnte nichts mehr sagen.

Kurz darauf musste ich eine Weile pausieren. Ich wurde krank, doch die Ursache ließ sich nicht feststellen. Deshalb kehrte ich nach Frankreich zurück, diesmal ganz allein. Nachdem ich bei Pierres Tante Jeanine untergekommen war, ließ ich mich untersuchen. Die Ärzte, alle sehr freundlich und bemüht, stellten fest, dass ich schwanger war. Durch diese Schwangerschaft änderte sich die Einstellung meiner Schwiegermutter mir gegenüber grundlegend. Die Aussicht, Großmutter zu werden, weckte neue, unbekannte Gefühle in ihr. Sie schickte Pierre ein Fax und teilte ihm die Neuigkeit mit. Ich dagegen war alles andere als begeistert; ich fühlte mich nicht reif dafür, war innerlich nicht bereit und hatte Angst, unter derart chaotischen Lebensumständen ein Kind zur Welt zu bringen. Einen Moment lang zog ich eine Abtreibung in Erwägung, doch dann besprach ich die Sache mit Pierre am Telefon, und wir beschlossen, das Kind zu bekommen. Erst konnten wir uns auf keinen Vornamen einigen: Pierre mochte Reaksmey sehr, was »Mondstrahl« bedeutet; ich dagegen erinnerte mich an die Vorliebe meines Vaters für Namen, die mit »So« beginnen, einer dem Sanskrit entlehnten Silbe, die »glücklich, Glück bringend« bedeutet. Daher dachte ich an Sovan; wobei »van« auf Khmer die Farbe des Goldes bezeichnet. Außerdem brauchten wir noch einen französischen Vornamen. Pierre machte immer ausgefallenere Vorschläge. Endlich stieß er in einem Lexikon auf den Namen eines türkischen Dorfes, Adana. Und so heißt unsere Tochter nun wie ein Ort, der irgendwo zwischen Frankreich und Kambodscha liegt ...

Ich kehrte nach Phnom Penh zurück, wo Pierre arbeitete. Im November 1995 brachte ich ein entzückendes kleines Mädchen zur Welt, Adana, die wir oft Titi rufen. Ich war mit meiner Schwiegermutter nach Bangkok geflogen, wo ich schon kurz darauf niederkam. Vergeblich versuchte Pierre mich zu beruhigen. Ich hatte panische Angst, denn ich musste an die vielen Geburten denken, bei denen ich damals im Krankenhaus dabei war, unter katastrophalen medizinischen Bedingungen. Mütter und Neugeborene starben, ohne dass man etwas tun konnte, und zwar in fünfzig Prozent aller Fälle! Außerdem konnte ich mich nicht mit dem Geburtshelfer verständigen, da er nur Thai und Englisch sprach. Alles verlief jedoch sehr gut. Ich konnte es kaum fassen, dass dieses Baby meine Tochter war ... Dennoch wusste ich nicht so recht, was ich tun sollte. Pierres Haltung machte die Sache nicht einfacher: Eine Frau muss für ihn schön sein, doch während meiner Schwangerschaft hatte ich das Gefühl, ihm nicht mehr zu gefallen – dabei hatte ich nur fünf Kilo zugenommen, die im Übrigen rasch wieder verschwunden waren. Außerdem fragte ich mich, wie ich dieses Kind aufziehen sollte, wo ich doch so wenig darüber wusste. Pierre glaubte allerdings, man müsse einfach der Natur freien Lauf lassen. Ich sah die Kleine an und schwor mir, dass sie nicht so werden würde wie ich. »Adana, ich werde dich niemals verlassen. Ich werde immer bei dir sein«, versprach ich ihr. Mit der Zeit verstand ich besser, weshalb Pierre mich immer zur Selbstständigkeit anstachelte, denn nun musste ich für dieses Kind sorgen.

Für meine Schwiegermutter begann ein neues Leben. Wir kamen uns richtig nahe. Sechs Monate blieb sie bei uns. Eines Tages, als wir spazieren gingen, sagte mein Mann zum ersten Mal zu mir: »Wie schön du bist!«

Zusammen mit unserem niederländischen Freund Eric Merman, einem ehemaligen Mitarbeiter von *Ärzte ohne Grenzen*, riefen Pierre und ich im Januar 1996 ein Projekt ins Leben, für das wir die nötigen Unterlagen beim Büro der Delegation der Europäischen Gemeinschaft in

Phnom Penh einreichten. Zu dritt gründeten wir die *Afesip*, kurz für »Agir pour les femmes en situation précaire«, zu deutsch: Handeln für Frauen in Not. Während Pierre mit seiner Arbeit unseren Lebensunterhalt verdiente, klapperten Eric und ich Organisationen ab, die als Sponsoren für die *Afesip* in Frage kamen. Ich hatte mittlerweile ausreichend Französisch gelernt, um selbst für meine Überzeugungen eintreten zu können. Dass ich mich auf dem Gebiet der Prostitution auskannte, hatte sich in dieser kleinen Welt schon herumgesprochen. Außerdem bekam ich immer wieder Besuch von Journalisten, die das Land bereisten und über das Thema schrieben.

Unser Antrag bei der Vertretung der EU in Phnom Penh wurde erst einmal auf Eis gelegt. Drei Monate später hieß es, die Unterlagen seien verschwunden. Wir stellten einen erneuten Antrag. Bei unserem zweiten Besuch hatte die zuständige Mitarbeiterin die Unterlagen noch immer nicht. Sie fragte uns: »Was wollen Sie eigentlich?«

Eric und ich erklärten ihr, was wir mit der *Afesip* bezweckten.

»Es gibt hier doch gar keine Prostituierten«, erwiderte sie. Dabei war sie bereits seit mindestens einem Jahr vor Ort.

»Madame«, sagte ich zu ihr, »wahrscheinlich halten Sie sich ständig in klimatisierten Räumen auf, wie hier in Ihrem Büro oder in den großen Hotels. Das ist schön für Sie, doch das Land da draußen ist nicht klimatisiert. Gehen Sie raus und sehen Sie es sich an!«

Die Frau wurde über die Maßen unangenehm.

Der Kampf gegen die Zuhälter ist die eine Sache. Man legt sich mit Verbrechern an, die Zeiten der Instabilität und des Krieges erlebt haben und sich um Recht und Gesetz nicht scheren. Doch in gewisser Weise ist dieser Kampf leichter zu führen als der gegen die Trägheit und die Inkompetenz der Bürokratie. Bei so einem offiziellen Termin muss man sich genau überlegen, was man anzieht. Man muss sich gewandt ausdrücken und immer ruhig bleiben. Das fällt mir schwer, doch noch schwerer fällt es Pierre, der immer gleich zu Beschimpfungen übergeht. Ich stamme immerhin aus der Gegend, weiß also, wie man etwas erreicht, aber ich habe keine Ahnung von Gesprächsführung. Ich hasse es, bei möglichen Geldgebern vorstellig werden zu müssen, und bin außerstande, etwas gegen meine Natur zu tun.

Anfangs, als wir noch keine Mädchen aus den Bordellen holten, interessierten sich die Zuhälter nicht für mich, und ich konnte mich ungehindert überall bewegen. Außerdem gab ich vor, medizinische Untersuchungen vorzunehmen, und das war den Zuhältern ganz recht, denn sie hatten ja ein Interesse daran, dass ihre Schäfchen gesund blieben. Aber Geld wollten sie für die medizinische Versorgung der Mädchen auf keinen Fall ausgeben.

Ich kleidete mich wie eine Khmer, die aus dem Ausland zurückgekehrt ist, und tatsächlich hielt man mich für eine von offizieller Seite Beauftragte. War ein Mädchen krank, begleitete ich es ins Krankenhaus, was alle zufrieden stellte. Einmal stieß ich auf eine kleine Vietnamesin, der man die halbe Brust abgerissen hatte. Am Abend zuvor war sie von einem japanischen Freier gefesselt und grün und blau geschlagen worden. Dann hatte er sie vergewaltigt und ihr die Brust abgebissen. Ich sagte zu ihr, sie dürfe sich nicht mit derart brutalen

Freiern einlassen, doch sie erwiderte, die zahlten besser, und so könne sie ihren Eltern mehr Geld zukommen lassen.

Eines Tages schickte die UNICEF einen Journalisten zu mir, den ich durch die Bordelle führte. Als der Artikel erschien, wurde mein Name nicht erwähnt, sondern nur das Wirken der UNICEF hervorgehoben. Pierre war sehr wütend.

Dies geschah direkt nach dem »Weltkongress gegen die sexuelle Ausbeutung von Kindern« in Stockholm. Die großen Organisationen waren übereingekommen, Einrichtungen zu unterstützen, die aktiv dagegen vorgingen. Uns wurden also Subventionen in Aussicht gestellt. Zur gleichen Zeit führten wir gemeinsam mit der Polizei und der PADEK Kambodscha, einer von den Niederlanden finanzierten Nichtregierungsorganisation, die erste Rettungsaktion durch: Wir holten ein Mädchen aus dem Bordell. Sie hieß Srey und stand unter Drogen; so hielten die Zuhälter sie unter Kontrolle. Da wir kein Zentrum hatten, in dem wir die Geretteten aufnehmen konnten, nahm ich sie mit zu mir nach Hause. Auch ein paar andere Mädchen kamen zu uns. Schon bald befand sich Pierre, dem diese Belagerung zu viel wurde, am Rande des Nervenzusammenbruchs. Die vierzehnjährige Srey fiel immer wieder ins Delirium und pinkelte überallhin – es war die Hölle. Ich wandte mich an den Amerikaner Robert Deutsch, einen der Leiter der PADEK, und erklärte ihm, ich könne die wachsende Zahl von Mädchen nicht mehr bei mir zu Hause unterbringen. Außerdem benötigten die Mädchen Geld, wenn sie uns verließen, und ich hätte bereits meine eigenen Ersparnisse aufgebraucht und auch Pierres Gehalt angetastet. Robert, der meine Arbeit kannte, gab mir sechstausend Dollar, damit ich eine entsprechende Unterkunft einrichten konnte. Dann nahm ich Kontakt zu John Anderson von *Save The Children* UK auf, der daraufhin ein Haus für uns anmietete. Trotz unserer anfänglich bescheidenen Mittel konnten wir das Zentrum am 1. Januar 1997 eröffnen. Danach beteiligte sich die UNICEF an der Finanzierung, und wir waren in der Lage, Leute einzustellen, die sich systematisch um das Problem kümmern.

Thomdi, Sokhone, Ly Hoa …

EINIGE MONATE SPÄTER DREHTE ein französisches Fernsehteam eine Reportage über uns, mit der Folge, dass ich – nun keine Unbekannte mehr – beim nächsten Mal, als wir ein Mädchen retteten, mit dem Tode bedroht wurde. Man erkannte mich, und damit änderten sich die Spielregeln. Die Drohungen verfehlten nicht ihre Wirkung: Nach Sonnenuntergang konnte ich nicht mehr aufhören zu weinen, die Angst erstickte mich beinahe. Pierre hatte Verständnis dafür und riet mir, eine Weile von der Bildfläche zu verschwinden und nach Laos zu fahren. Ich bat meine Adoptiveltern, mich zu begleiten. Zu der Zeit war es den Khmer noch kaum möglich, das Land zu verlassen, doch ich war im Besitz eines französischen Passes.

Die Zuhälter schienen anzunehmen, ich sei in mein Heimatdorf zurückgekehrt, denn auf einmal tauchten sie dort auf. Sie übergossen das Haus meiner Familie mit Benzin und zündeten es an. Der Vater meiner Adoptivmutter, ein friedfertiger Greis, wurde bei dem Brand schwer verletzt. Vor meiner Abreise nach Laos wandte ich mich in einem Brief an Premierminister Hun Sen und schilderte ihm die Lage, erklärte ihm, dass mein Leben und das meiner Verwandten in Gefahr sei und die Zuhälter gedroht hätten, mein Baby wie ein Hähnchen zu grillen. Hun Sen antwortete, die Regierung werde die Arbeit der *Afesip* unterstützen. Deshalb kehrte ich nach zwei Monaten zurück, doch ich hatte nach wie vor Angst um meine Mädchen. Seither haben die Drohungen niemals aufgehört; wir erhalten Drohbriefe, Drohanrufe, und manchmal werden unsere Gegner sogar handgreiflich ... So fuhr ich zum Beispiel eines Tages zum Markt, mit einem Motorradtaxi, da ich kein Auto besaß. Auf einmal fuhr ein schweres schwarzes Motorrad neben uns her, der Sozius drückte mir eine Pistole an die Schläfe und forderte mich auf, meine Aktivitäten einzustellen. Da wurde mir klar, dass sie mich tatsächlich umbringen konnten, wenn sie wollten. Sie hätten auch mein Kind kidnappen, in Stücke schneiden und ins Pökelfass stecken können! Ich bekam schreckliche Angst und reiste auf der Stelle nach Laos. Doch die Flucht war auch keine dauerhafte Lösung, also kehrte ich nach einer Weile zurück.

Noch immer litt ich unter nächtlichen Panikattacken, deshalb wollte ich nicht im Erdgeschoss wohnen, sondern mindestens in der ersten Etage; so hatte ich die Umgebung besser im Blick. Bei Einbruch der Dunkelheit verbarrikadierte ich Türen und Fenster. Ich schlief kaum, war ständig auf der Hut. Ich ging nicht mehr aus dem Haus, litt regelrecht unter Verfolgungswahn. Ich hatte Angst vor der Dunkelheit, und zugleich wagte ich nicht, das Licht anzumachen. Pierre gab mir sehr viel Halt während dieser Zeit.

Und dann kam der Tag, an dem wir nichts mehr zu essen für unsere Mädchen hatten. Das französische Fernsehen hatte uns nach der Ausstrahlung der Reportage ein wenig Geld gegeben, doch diese Reserve war nun erschöpft. Und auch ich war erschöpft. Im Januar 1998 schickte Pierre mich nach Frankreich. Wir mieteten ein Büro in Nizza, von dem aus ich für unsere Zwecke werben und Gelder auftreiben sollte. Doch dann stellte ich fest, dass ich fern von der *Afesip*, von der fieberhaften Arbeitsatmosphäre und dem Kampf gegen die Zuhälter nicht leben konnte. Also kehrte ich nach Phnom Penh zurück.

Kurz darauf lasen wir eine junge Frau auf der Straße auf. Sie hieß Thomdi, war sehr mager und mit Abszessen übersät. Wir brachten sie in ein Krankenhaus, aber das Pflegepersonal vermutete Aids bei ihr und fürchtete, daß sie alle anstecken könnte, deshalb entließ man sie gleich wieder. Damals wusste man noch nicht, wie man diese Krankheit behandeln konnte.

Thomdi hatte tatsächlich Aids. Ihre Eltern waren bei einem Schiffsunglück ums Leben gekommen, und so blieb sie bei ihrer älteren Schwester, bis diese sie, als sie kein Geld mehr hatte, im Alter von neun Jahren einfach an ein Bordell verkaufte. Dort hatte man das Mädchen so brutal geschlagen, dass die Spuren noch nach Jahren zu sehen waren. Thomdi hatte fünfzehn bis zwanzig Kunden am Tag und fing sich alle möglichen Krankheiten ein: Tuberkulose, Aids, zahlreiche Geschlechtskrankheiten. Schließlich setzten die Zuhälter sie vor die Tür und warfen mit Steinen nach ihr, damit sie nicht zurückkam.

Wir nahmen Thomdi auf und kümmerten uns um sie. Da das Krankenhaus sie im Stich gelassen hatte, pflegten Pierre und ich das Mädchen. Jeden Morgen wusch ich sie, rieb sie mit Betadin ein, und dank der Hilfe eines

Arztes konnte auch ihre Tuberkulose geheilt werden. Sie nahm sogar wieder ein wenig zu. Da sie nicht zu ihrer Schwester zurückkehren wollte und wusste, dass sie nicht mehr lange zu leben hatte, beschloss sie, für die *Afesip* zu arbeiten.

»Ich bin ein Mädchen, das in der Hölle lebt, das von seiner Mutter geschlagen und von seiner Schwester ins Bordell verkauft wurde, ein Mädchen, das keine Chance hat«, sagte sie eines Tages zu mir und bat mich, ihren Namen nach ihrem Tod irgendwo zu verewigen. Um ihr einen Gefallen zu tun, versprach ich: »Wir werden eins unserer Betreuungszentren nach dir benennen.«

Ein großes Problem für die Mädchen war die Hygiene. Wenn sie bei uns ankamen, waren sie furchtbar schmutzig, und ihre Körper waren mit eitrigen Wunden übersät. Zuerst musste man ihnen beibringen, sich zu duschen und mit Seife zu waschen. Ich hatte das Gefühl, schon eine halbe Französin geworden zu sein, so viel Wert legte ich auf Hygiene. Ich schärfte ihnen auch ein, dass man ein Kondom auf keinen Fall mehrere Male benutzen durfte, was viele von ihnen taten.

Als ich für kurze Zeit nach Europa reisen musste, flehte Thomdi mich an: »Geh nicht weg! Wenn du nicht da bist, sterbe ich, und ich will nicht ohne dich sterben.«

Ich erklärte ihr, dass sie nicht einfach so sterben würde und dass ich in einer Woche wieder zurück sei. Daraufhin bat sie mich, ihr etwas mitzubringen. Was denn? Egal, Hauptsache, es stammte aus Paris! Für uns Kambodschaner ist Paris gleichbedeutend mit Luxus.

Am Tag vor meiner Abreise besuchte ich sie auf der Krankenstation. Wegen einer starken Infektion konnte sie die Augen nicht mehr öffnen.

Sie fragte: »Hast du mich gern?«
»Ja, ich habe dich gern.«
»Findest du mich abstoßend?«
»Nein, ich finde dich nicht abstoßend.«
»Dann nimm mich in die Arme.«
Also nahm ich sie in die Arme. Meine Mitarbeiter riefen, das dürfe ich nicht tun, doch ich ließ mich nicht davon abbringen. Sie schluchzte in meinen Armen. In einem solchen Augenblick hat man keine Wahl. Ich habe es nie bereut.

Während der Woche in Frankreich machte ich auch Einkäufe und suchte nach einem Geschenk für Thomdi. Dann kam die Nachricht, sie liege im Sterben. Ich war untröstlich, konnte es einfach nicht glauben. Diese Nähe zwischen uns war etwas, das uns Kraft gab und antrieb. Sie hatte gewollt, dass ich bei ihr bleibe. In Kambodscha glaubt man, dass ein Mensch, der bei jemandem bleiben will, nach seinem Tod in dessen Körper eintritt, worauf die Betreffende schwanger wird. Auf diese Weise lebt der Mensch im Körper des anderen weiter. Doch ich wollte nicht schwanger werden, oder zumindest nicht auf diese Weise! Daraufhin nahm ich die Pille zweimal täglich.

Wir haben eines unserer Betreuungszentren nach Thomdi benannt, dem ersten Mädchen, das bei uns gestorben ist und das die Ziele der *Afesip* voll und ganz unterstützte. Wir werden sie nie vergessen.

Noch ein Mädchen werden wir nie vergessen: Sokhone, die im Alter von fünfzehn Jahren starb. Sie wollte mit mir zusammen dieses Buch über die Gründung und den Kampf der *Afesip* schreiben.

1997 hatte die *Afesip* einen Stamm von zehn Mitarbeitern. Dank der Subventionen der UNICEF, der niederländischen Kinderhilfsorganisation SKN und diverser anderer Finanzquellen konnten wir damit beginnen, Rettungsaktionen durchzuführen. Wir nahmen ganz junge Mädchen bei uns auf, doch unter ihnen zu leben war eine harte Prüfung für mich. Als ich die Berichte der Mädchen hörte, etwa den von Sokhone, die mit acht Jahren verkauft worden und im Bordell von Soldaten gefesselt und mit einer Pfefferschote im Anus gefoltert worden war – als wir sie mit zehn Jahren befreiten, hatte sie bereits Aids und Tuberkulose –, war das für mich, als kehre ein Albtraum zurück. Sokhone fragte mich, wie es einen Gott geben könne, wenn er erlaube, dass man einem so kleinen Mädchen so furchtbar wehtue. Sie war außer sich vor Glück, dass sie eine Schuluniform tragen durfte, den weißen Kittel und den marineblauen Rock. Doch sie wusste auch, dass dieses Glück ein Ende haben und sie bald sterben würde. Als sie für die französische Fernsehsendung *Des racines et des ailes* gefilmt wurde, sagte sie vor laufender Kamera: »Warum ich? Warum muss ich sterben, ausgerechnet jetzt, wo ich zum ersten Mal glücklich bin?« Sie wollte Zeugnis ablegen. Ihre Mutter war an Aids gestorben, ihr Vater war an Aids gestorben, und auch ihre Schwester – die sie ins Bordell verkauft hatte – war an Aids gestorben. Sie hatte nur noch einen kleinen Bruder, den sie uns anvertraute.

Natürlich werden auch kleine Jungen verkauft, doch das kommt eher selten vor. Die Organisationen, die sich um Straßenkinder kümmern, nehmen sich ihrer an. Wir können in unseren Heimen nicht Mädchen und Jungen gemeinsam unterbringen. Also gaben wir den Jungen in die Obhut einer Pagode, wo er von Mönchen aufgezogen und unterrichtet wurde. Sokhone starb kurz darauf. Einmal bat sie mich, in ihrem Bett zu schlafen, und ich willigte ein. Mitten in der Nacht wachte ich auf, weil sie mir mit einem Messer in den Arm ritzte, um ihr Blut mit meinem zu mischen ... Warum tat sie das, wo doch mit großer Wahrscheinlichkeit das Virus dabei übertragen worden wäre? Vielleicht weil sie sich nicht an denjenigen rächen konnte, die ihr Leben zerstört hatten. Wer weiß, vielleicht verletzte sie mich auch, um in ihrem Unglück nicht allein zu sein? So etwas macht mir Angst, das muss ich zugeben. Die Zuhälter sind das eine Risiko bei unserer Arbeit, die misshandelten Mädchen das andere ... Dabei verfolge ich nur ein Ziel: den Mädchen ein paar schöne letzte Momente zu verschaffen, so dass sie zumindest ein bisschen glücklicher aus dem Leben scheiden. Ich kann sie nicht abweisen, es geht einfach nicht.

Dann gab es da noch den Fall der jungen Vietnamesin Ly Hoa. Sie war an ein Bordell hier in Kambodscha verkauft worden und hatte irgendwann die Gelegenheit, vorübergehend zu ihrer Familie nach Vietnam zurückzukehren. Während sie dort war, stellten ihre Schwestern fest, dass sie Aids hatte, und warfen sie hinaus. Ly Hoa wurde von der Polizei aufgegriffen und in ein Erziehungslager irgendwo auf einer Insel gesteckt. Es gelang ihr zu fliehen und nach Kambodscha zurückzukehren. Als sie bei uns ankam, hatte sie nicht mehr lange zu leben. Wir pflegten sie, so gut wir konnten. Vor ihrem Tod schrieb sie mir einen langen Brief auf Vietnamesisch. Darin erzählte sie ausführlich über ihr Leben und listete auch all das Unglück auf, das ihr widerfahren war. Der Brief endete mit den Worten: »Nun, da ich meinen Frieden gefunden habe, muss ich sterben. Mein Körper wird sterben, doch mein Geist wird immer bei dir sein, wie ein Vogel auf deiner Schulter, um dir bei deiner Arbeit zu helfen und die bösen Menschen in deiner Umgebung zu töten. Wenn du Probleme hast, sprich mit mir, ich werde auf deiner Schulter sitzen.«

Es ist uns nicht möglich, Mädchen, die Aids haben, zu behandeln, doch wir können uns dafür einsetzen, dass sie im Krankenhaus aufgenommen werden, wo es eine von *Ärzte ohne Grenzen* geleitete Spezialabteilung gibt. Dort können sie eine Kombinationstherapie erhalten. Dennoch ist es oft schon zu spät, und sie haben nur noch ein oder zwei Jahre zu leben. Eine Kombinationstherapie durchzuführen ist sehr kompliziert: Man muss sicherstellen, dass die Mädchen ihre Medikamente regelmäßig einnehmen, man muss absolut strikt in Bezug auf Hygiene und Ernährung sein. Oft sind sie außerdem noch an Tuberkulose erkrankt.

Es gab schwierige Zeiten für uns, so etwa, wenn die versprochenen Gelder nicht eintrafen, wenn die Regierung plötzlich ganze Bordelle schloss und auf einmal Hunderte von Mädchen in unsere Obhut gegeben wurden. Damals hat Pierre all seine Ersparnisse für die Behandlung und Ernährung der Mädchen ausgegeben. In manchen Jahren wandte er sogar sein gesamtes Gehalt dafür auf. Erst im Jahr 2003, als die spanische Stiftung *Anesvad* begann, uns finanziell zu unterstützen, stabilisierte sich unsere wirtschaftliche Lage.

Wiedergeburt in Spanien

Ich reiste mit Christoph, dem Vertreter der französischen Sektion der *Afesip*, nach Spanien, um die *Anesvad* zu besuchen. Der Präsident der Stiftung begrüßte mich mit einem Handkuss. Ich hatte das Gefühl, auf einem anderen Stern gelandet zu sein, Lichtjahre vom kambodschanischen Chaos entfernt. Die Mitarbeiter der *Anesvad* legten ein derart höfliches Benehmen an den Tag, dass der Kontrast zwischen ihnen und den großen Hilfsorganisationen nicht größer hätte sein können. Ich erklärte den Verantwortlichen, wir müssten das Netzwerk in seiner Gesamtheit stärken, nicht irgendeinen speziellen Bereich, für den sich dieser oder jener Sponsor besonders interessiert. Wir bräuchten Kontinuität und Stabilität. Andrés und Pedro, die die Stiftung uns gegenüber vertraten, beschlossen beinahe auf der Stelle, uns zu helfen. Wenn ich dorthin zurückkehre, werde ich stets aufs herzlichste empfangen. Ich liebe dieses engagierte Team sehr, denn immer schwingt auch etwas Menschliches mit. Sie arbeiten effizient und sind überaus freundlich.

1998 bekam ich den Prinz-von-Asturien-Preis. Eines Tages rief das Büro des Prinzen bei Pierre an, der sich zu der Zeit in Frankreich aufhielt – ich war in Kambodscha geblieben –, und teilte ihm die Entscheidung der Jury mit. Pierre wusste gar nicht, was diese Nachricht bedeutete. Zum Glück konnte sein Bruder Thierry, der lange Zeit in Südamerika gelebt hatte und fließend Spanisch sprach, ihm erklären, dass es sich um eine internationale Auszeichnung handelte, um eine großartige Ermutigung weiterzumachen. Bald darauf meldeten sich auch schon Journalisten bei uns.

Zur Preisverleihung in Spanien erschienen wir in unserem üblichen Aufzug, das heißt, wir sahen eher aus wie Flüchtlinge. In dem Flugzeug, das wir in Bangkok bestiegen, behandelte man uns wie Könige, denn wir flogen erster Klasse. Pierre war ganz aus dem Häuschen. Unsere kleine Tochter begleitete uns. In der Stadt Oviedo in Asturien angekommen, wurden wir in einem Saal mit lauter Fernsehkameras und Fotografen empfangen und mussten uns in ein Goldenes Buch eintragen. Ich wusste nicht einmal, was das war! Dann musste ich an einer Gesprächsrunde teilnehmen. Doch was sollte ich erzählen? Ich hatte noch nie öffentlich gesprochen und fühlte mich immer gehemmt, wenn ich mit Intellektuellen oder elegant gekleideten Menschen zusammen war. Doch dann legte ich einfach los. Ich erzählte von der Situation der Frauen in Kambodscha, von meinem eigenen Leben, von den Mädchen, die in Bordellen gefangen gehalten wurden. Es heißt, Prostitution sei das älteste Gewerbe der Welt und nichts anderes als ein Tauschgeschäft: Lust gegen Geld. Ich wehrte mich entschieden gegen diese Verkennung der Realität, welche der Lebenssituation der brutal misshandelten Mädchen Hohn spricht. Ich erzählte, wie es bei mir gewesen war. Dass ich überhaupt so lange reden konnte, überraschte mich selbst.

Donnernder Applaus. Langsam gingen die Lichter im Saal wieder an. Es waren eine Menge Leute da, einige weinten. Ich fühlte mich gut, war aber völlig erschöpft. Das Fernsehen wollte mich interviewen, doch Graça Machel, Nelson Mandelas Frau, teilte der Journalistin mit, ich sei zu müde und sie solle später wiederkommen. Graça Machel sollte, genau wie ich und mehrere andere Frauen, den Prinz-von-Asturien-Preis bekommen, der nach dem ältesten Sohn des spanischen Königs, dem Thronfolger, benannt ist.

Dieser herzliche und großzügige Empfang in Spanien gab mir das Gefühl, dass meine Arbeit, *unsere* Arbeit zum ersten Mal Unterstützung fand, um die wir nicht hatten betteln müssen. Wenn wir französische und andere europäische Institutionen um Hilfe ersuchten, waren wir bislang immer wie Störenfriede empfangen worden; man begegnete uns herablassend und kühl. Allerdings mit einer Ausnahme: Emma Bonino, damals EU-Kommissarin für humanitäre Angelegenheiten, unterstützte uns uneingeschränkt, auch nach ihrem Weggang aus Brüssel. Ich werde später von unserer ersten Begegnung berichten.

Die Leute im Saal riefen: »Somaly! Somaly!« Ich fragte mich, wie es möglich war, dass man mich so wohlwollend behandelte, nachdem ich meine Geschichte erzählt hatte, wo ich mir selbst doch schmutzig, erniedrigt und wie eine Ausgestoßene vorkam. Diese Menschen verfügten über ein moralisches Empfinden, dem ich so noch nie begegnet war. Seitdem habe ich oft an diesen besonderen Augenblick denken müssen. Allmählich begriff ich, dass es nicht überall auf der Welt gleich zugeht, dass es auf diesem Planeten Orte gibt, an denen man dem Bösen, der Perversion entgegentritt, und dass ich nicht alleine für meine Sache kämpfe. Ich lernte Menschen kennen, deren Denkweise sich radikal von derjenigen unterschied, der ich bislang meist begegnet war.

Zusammen mit Graça Machel, Rigoberta Menchu und Emma Bonino, die sich ganz besonders um mich kümmerte, kehrten wir ins Hotel zurück. Wie gewöhnlich schlief meine Tochter Titi nur zwei Stunden und schrie die restliche Zeit. Ich wiegte sie die ganze Nacht.

Am nächsten Morgen bereiteten wir uns auf die Preisverleihung vor. Ich legte traditionelle kambodschanische Kleider an, denn wir sieben Frauen waren übereingekommen, uns alle auf landesübliche Art zu kleiden. Auf der Straße hatten sich bereits Menschen versammelt, um den Autokonvoi zu sehen. Auch die Asturierinnen hatten ihre hübsche Tracht angelegt. Mir kam es ein bisschen so vor, als spielten wir verkehrte Welt: Während ich dort, wo ich herkam, ein Nichts war, nur eine Frau, die sich für junge Mädchen mit einem freudlosen, von Gewalt geprägten Schicksal einsetzt, wurde ich hier wie eine Märchenprinzessin empfangen. Es war wie bei Aschenputtel, nur dass ich keinen Prinzen heiraten würde, denn ich war ja schon mit einem Bauerntölpel verheiratet.

Wir gelangten in einen riesigen, prachtvollen Saal mit Emporen, auf denen die Gäste saßen. Wir sieben Frauen traten näher, Hand in Hand, und wurden von donnerndem Applaus begrüßt. Für mich war es wie eine Wiedergeburt. Seitdem bin ich in Spanien sehr bekannt und werde von der dortigen Presse immer sehr wohlwollend behandelt. Manchmal glaubte ich zu träumen, wenn ich Autogramme gab und Fotos signierte, wie ein Star.

Pierre hatte mir gesagt, ich müsse den Prinzen begrüßen. Das wollte ich nicht. Ich dachte, man müsse niederknien oder sich tief vor ihm verneigen, um zu zeigen, dass man nur Staub sei vor dem Angesicht des Königs. Ich hatte meine frühe Kindheit ja unter einem kommunistischen Regime zugebracht und wusste überhaupt nichts über höfisches Protokoll, denn bei uns kniete niemand nieder, zumindest nicht bis 1991, als Sihanouk wieder an die Macht kam und mit ihm die alten Sitten und Gebräuche zurückkehrten.

Der Prinz blieb vor mir stehen und sagte: »Guten Tag, Somaly.« Er redete ganz normal mit mir, und ich verstand, was er sagte, denn er sprach Französisch. Bei uns gibt es eine spezielle Sprache, mit der man sich an das Königshaus wendet, eine altertümliche Redeweise, die außerhalb des königlichen Palastes aber niemand mehr spricht. In Spanien ist das Protokoll viel ungezwungener.

In Kambodscha gelten die Prinzen als unersättliche Verführer, die Hunderte von Mätressen haben und Unmengen Kinder in die Welt setzen. Prinz Felipe dagegen machte einen aufrichtigen, äußerst freundlichen Eindruck. Ich kniete nicht vor ihm nieder, denn die anderen hatten es auch nicht getan.

Dann trat die Königin auf mich zu, die Französisch versteht, aber Englisch spricht. Sie interessiert sich sehr für humanitäre Fragen und hat insbesondere für Probleme von Frauen immer ein offenes Ohr. Emma Bonino dolmetschte für uns. Ehemalige Opfer, so wie ich, reagieren sehr empfindlich auf die Blicke anderer. Sie spüren sofort die leiseste Antipathie, aber auch die Großherzigkeit und das Mitleid anderer.

Mir wurde klar, dass es verschiedene Arten von Königreichen gibt, dass Spanien nicht mit Kambodscha oder Thailand zu vergleichen ist, wo man sich den Mitgliedern der königlichen Familie zu Füßen wirft. Für mich sind alle Menschen gleich viel wert. Das Wort, das diesen Umstand meiner Meinung nach am besten wiedergibt, lautet »Respekt«. Man muss die anderen respektieren, egal, wie die Umstände sind.

Ich machte Pierre darauf aufmerksam, wie natürlich die Königin sich gab, wie aufmerksam sie ihren Gesprächspartnern zuhörte, und dass sie sie ganz »normal« anlächelte. Für mich war das unfassbar! Für mich war es ein Moment, in dem ich neue Hoffnungen schöpfte: Wenn die Welt hier so war, warum sollte sie dann eines Tages nicht auch in meinem Land so sein?

Die Königin nahm Titi auf den Arm. Ihre Freundlichkeit, ihr gütiger, liebevoller Blick, all das beeindruckte mich sehr.

Am Abend fand ein großes Bankett in Anwesenheit der Königin und des Prinzen statt. Am erstaunlichsten fand ich, wie groß die Fische waren, mindestens einen Meter lang! Außerdem gab es Kaviar, Gänseleberpastete – mir gingen die Augen über. Man konnte Pierre förmlich dabei zusehen, wie er dicker wurde. Ich dagegen war so aufgeregt, dass ich weder essen noch trinken konnte. Viele Leute kamen zu mir und sprachen Französisch mit mir, auch einige Journalisten. Ich verstand sogar diejenigen, die Spanisch mit mir redeten! All dies gab mir Kraft, sehr viel Kraft. Früher hatte man nicht selten zu mir gesagt: »Huren sollten unter sich bleiben. Sammelst du wieder Geld für die Huren!?« Ich gehöre zu den Menschen, die schon vor ihrer Geburt vom

Unglück gezeichnet sind. Was sie auch tun, die anderen weisen sie ab oder jagen sie davon, um mit diesem Makel nicht in Berührung zu kommen. Nach den Erlebnissen in Spanien begann ich zu begreifen, dass es möglich ist, etwas zu verändern, dass man den Makel tilgen kann und nichts im Leben unabänderlich und unwiderruflich ist.

Für den Anlass hatte ich mir Schuhe mit Absätzen gekauft; es war das erste Mal im Leben, dass ich so etwas trug. Die Schuhe waren nicht teuer gewesen, sie hatten nur etwa fünfzig Francs gekostet, doch für mich war das schon viel Geld. Als ich sie anzog, taten mir sofort die Füße weh, und irgendwann im Verlauf des Abends konnte ich die Schmerzen nicht mehr aushalten. Also bat ich Nelly, ein ehrenamtliches Mitglied der französischen Delegation, mir ihre Schuhe zu leihen. Doch das war nicht die Lösung. Ich habe leichte Plattfüße und bin es gewohnt, barfuß oder in Sandalen herumzulaufen. Schließlich zog ich die Schuhe einfach aus. Was für eine Erleichterung! Ich nahm also die Glückwünsche dieser reichen und wichtigen Leute aus der ganzen Welt barfuß entgegen und fühlte mich selig dabei.

In dieser Nacht tat ich kein Auge zu. Allmählich wurde mir bewusst, dass ich nicht alleine war, dass die Leute meine Arbeit schätzten. Nicht ich war es, die mit dem Preis ausgezeichnet wurde, sondern das, was ich tat. Menschen, die an einem Ort lebten, der mir wie das Paradies vorkam, schienen in der Lage zu sein, die Probleme von Menschen zu verstehen, die im Elend lebten … Diejenigen dagegen, die im Elend lebten, begriffen rein gar nichts. Bislang war alles, was ich getan hatte, spontan gewesen, instinktiv, eine simple Reaktion auf das, was bei uns geschah. Diese Auszeichnung und das, was sie bei mir im Inneren auslöste, haben mich reifer werden lassen, glaube ich. Seitdem gehe ich planvoller vor und versuche, die Zukunft bewusster zu gestalten. Zuvor hatte ich nur auf die Stimme meines Herzens gehört, und vieles von dem, was ich getan hatte, war unorganisiert, der Hektik des Augenblicks geschuldet. Pierre hatte sich stets bemüht, etwas Ordnung in das Chaos zu bringen, und nun verstand ich auf einmal, wie wichtig es ist, sich zu organisieren und den Elan einer spontanen Gefühlsregung in eine gezielte, gemeinsame Aktion zu überführen. Dieser Wandel ist nicht leicht zu bewerkstelligen, doch mit Sicherheit hat der Prinz-von-Asturien-Preis erheblich dazu beigetragen, dass ich die Notwendigkeit erkannt habe und mich darum bemühe.

Am nächsten Tag wurden noch einmal viele Fotos geschossen und Autogramme verteilt, anschließend besichtigten wir die bezaubernde Stadt Oviedo, in der die Preisverleihung stattgefunden hatte. Dann kehrte ich nach Kambodscha zurück – was für eine Ernüchterung! Niemand maß diesem spanischen Preis auch nur die geringste Bedeutung bei. Kurz darauf kamen jedoch spanische Journalisten zu uns, und ich muss sagen, dass die Medien eine große Rolle beim Aufbau der *Afesip* gespielt haben. Ich weiß nicht, woran es liegt, aber ich – ein ungebildetes Mädchen – fühle mich in meinem Element, wenn ich vor Kameras spreche. Ich glaube, am einfachsten ist es, immer die Wahrheit zu sagen, ganz ungeschminkt und ohne etwas zu beschönigen. Der Rest ergibt sich von ganz allein.

Straße der verlorenen Unschuld

Die Rückkehr nach Kambodscha bedeutete zugleich eine Rückkehr in unsere vertraute Hölle. Wenn uns Gelder versprochen werden, müssen wir eine zeitliche Verzögerung für die Bereitstellung und die Überweisung einkalkulieren. Zwischen der Zusage und dem tatsächlichen Eintreffen der Mittel vergehen mindestens sechs Monate, oft dauert es sogar ein ganzes Jahr. Und während der gesamten Zeit sind wir gezwungen, irgendwie über die Runden zu kommen! Bei unseren Projekten können wir es uns aber nicht leisten, sechs oder gar zwölf Monate untätig zu sein. Es gibt Notfälle, Dinge, die Vorrang haben: Wenn es darum geht, ein Kind oder ein junges Mädchen zu retten, dürfen wir nicht warten. 1998 hatten wir auf einmal überhaupt kein Geld mehr.

Im Sommer zuvor hatte sich gleich nach der Eröffnung unseres Betreuungszentrums ein Fernsehteam von *Envoyé spécial* an uns gewandt. Sie waren nach Kambodscha gekommen, um eine Dokumentation über *La Chaîne du Cœur* zu drehen, eine Organisation, die sich die Eröffnung eines Herzzentrums zum Ziel gesetzt hatte. Außerdem wollten sie über Sihanouk Ville und Angkor Wat berichten sowie die Ausbeutung von Frauen und Kindern zum Thema machen. Ich hatte einem Treffen mit Claude Sempère und seinem Team zugestimmt; Pierre und Eric begleiteten mich. Wir drei Gründungsmitglieder der *Afesip* erläuterten unsere Arbeit. Sogleich begann Claude Sempère uns zu erklären, was wir zu tun hätten, damit er bestimmte Dinge filmen könne. Ich lehnte sein Ansinnen rundheraus ab. Er erwiderte, er sei der Chef des Filmteams und könne allein entscheiden, was gemacht werde. In seinem Team könne er das natürlich, erwiderte ich, aber nicht bei uns. Pierre stieß mich unter dem Tisch mit dem Fuß an. »Somaly, lass den Sch…«, zischte er. Doch ich beachtete ihn gar nicht.

»Sie werden filmen, was ich Ihnen sage. Es ist mein Projekt, also bestimme ich. Ich lasse mir von niemandem etwas vorschreiben.«

Ich wollte, dass sie sich Zeit nehmen vor dem Drehen, sich erst einmal umschauen und begreifen, was wir machen.

Schließlich erklärte Claude Sempère sich mit allem einverstanden. »In Ordnung. Dann fangen wir also morgen um acht an.«

»Wie bitte, um acht? Wir sind hier in Kambodscha, da fängt man um sechs Uhr an.«

Ich sah, wie Sempères Gesicht immer länger wurde, bis er schließlich seufzend sagte: »Na schön, dann eben um sechs.«

Am nächsten Morgen goss es wie aus Kübeln, die Regenzeit war noch nicht vorbei. Um zum Betreuungszentrum zu gelangen, hätte man am besten ein Boot genommen! Die Leute vom Fernsehteam trafen mit finsteren Gesichtern, glasigem Blick und struppigem Haar bei uns ein. Im Unterschied zu uns Kambodschanern sind die Franzosen ausgesprochene Morgenmuffel, vor allem, wenn sie weder einen Kaffee noch eine Zigarette haben. Ich musste innerlich schmunzeln, und die Mädchen meinten kichernd: »Die sehen ja witzig aus.« Claude Sempère hatte wie immer ein schwarzes T-Shirt an und erinnerte ein bisschen an Mickymaus.

Das Filmteam begann, die Bewohnerinnen des Zentrums zu interviewen. Sehr rasch wurden Sempères Mitarbeiter von Gefühlen übermannt, und als ihnen eines der Mädchen erzählte, wie es mit acht Jahren vergewaltigt, misshandelt und verkauft worden war, kamen ihnen beinah die Tränen. Offensichtlich hatten sie keine Ahnung gehabt, was sie bei uns erwartete. Das haben sie uns später auch gesagt: Sie fanden es ungeheuer schwierig, mit all dem fertig zu werden. Ich hatte noch nie gesehen, dass Männer von den Erzählungen der Mädchen so ergriffen waren, und muss sagen, es hat mich sehr für sie eingenommen. Für mich waren Männer allesamt Vergewaltiger, doch nun begann ich zu begreifen, dass ich mich vielleicht irrte, dass die Männer womöglich doch nicht alle gleich waren, dass es Ausnahmen gab.

Das Team blieb lange bei uns, zwei oder drei Wochen. Mittags aßen sie mit uns. Das fand ich gut. Auf diese Weise hatten sie Anteil an unserem Leben, konnten unsere Probleme besser verstehen. Die Mädchen wiederum schätzten die Gesellschaft und waren froh, dass sich jemand für ihre schrecklichen Erfahrungen interessierte. Damit hatten sie nicht gerechnet!

Während dieser Zeit kam Madame Ly zu uns, eine Vietnamesin, die mit Hilfe einer kleinen Fotografie überall nach ihrer Tochter suchte. Sie hatte bei der Polizei eine Vermisstenanzeige aufgeben wollen, als vietnamesische Staatsbürgerin aber nichts erreicht. Niemand schenkte ihr Gehör. Schließlich wandte sie sich an uns, und wir versprachen, ihr bei der Suche nach ihrer Tochter zu helfen. Angeblich arbeitete das Mädchen als Kellnerin in Phnom Penh, doch das bezweifelten wir. Madame Ly hatte sich in Svay Pak bei Kilometer 11 auf die Suche gemacht, wo es viele Bordelle mit jungen Vietnamesinnen gab. Sie war dort mit dem Foto ihrer Tochter auf und ab gegangen, bis ein Junge ihr den Weg zu einem Bordell wies.

Die Puffmutter warf Madame Ly hinaus: »Ihre Tochter gehört uns, wir haben sie gekauft, und jetzt ist sie unsere Sklavin. Also verschwinden Sie, und kommen Sie nie wieder!«

Man hatte Madame Ly berichtet, dass die kleine Loan mit Drogen gefügig gemacht worden war.

Claude Sempères Kamerateam war noch bei uns. Ich erklärte den Leuten, wie schwierig es war, nach Svay Pak hineinzukommen. Doch wir überprüften Madame Lys Informationen und nahmen Kontakt zur Polizei auf, um herauszufinden, was machbar war. Wir reichten die Unterlagen an einem Samstag ein, aber das war ein Fehler, denn die Ordnungshüter arbeiten samstags nicht. Außerdem stand es angesichts der allgemein herrschenden Korruption zu befürchten, dass die Information direkt an das Bordell weitergeleitet wurde. Am Montag gingen wir erneut hin, hatten aber große Probleme, eine ordnungsgemäße Drehgenehmigung zu erhalten. Es sei zu gefährlich, in die Bordelle zu gehen, hieß es. Am Ende waren wir schließlich erfolgreich, doch als wir mit

Madame Ly und dem Kamerateam in Svay Pak auftauchten, war niemand mehr da. Die Zuhälter hatten einen Tipp bekommen und die Mädchen bereits am Vortag verkauft. Ich war wütend auf die Polizisten und drohte ihnen, eine Pressekonferenz einzuberufen. Daraufhin verhafteten sie einen Zuhälter und pressten die Information aus ihm heraus, wohin die kleine Loan verkauft worden war. Als wir dort ankamen, war das Haus verschlossen; auch hier war man offensichtlich gewarnt worden. Wie soll man unter diesen Umständen mit der Polizei zusammenarbeiten? Die Beamten schützen die Bordelle, streichen Geld von den Zuhältern ein – und manchmal betätigen sie sich selbst als Zuhälter! Wir weigerten uns, wieder wegzugehen, sehr zum Verdruss der Puffmutter, die nicht aufhörte zu zetern und zu keifen. Wir belagerten das Bordell förmlich, doch die Türen blieben verschlossen, und die Polizei sah sich außerstande, sie aufzubrechen.

Die Sache zog sich in die Länge, bis die Mädchen schließlich durch eine Hintertür herauskamen. Die vierzehnjährige, mit Drogen voll gepumpte Loan und ihre Mutter weinten heiße Tränen. Wir hinterlegten eine Kaution auf dem Polizeirevier. Die Kleine war die erste Vietnamesin, die bei uns aufgenommen wurde, und die anderen Mädchen bereiteten ihr einen begeisterten Empfang. Wir gaben Mutter und Tochter ein wenig Geld, dann reisten sie ab. Alles ganz diskret, ohne Papiere.

Wir hatten damals noch zu wenig Erfahrung auf diesem Gebiet. Zwar hatten wir bereits eine Reihe von Festnahmen durch die Polizei in die Wege geleitet, doch die Sache war jedes Mal schief gegangen. Wir mussten noch viel lernen über Struktur und Arbeitsweise der Polizei, über die kleine Welt der Bordelle und die enge Verbindung, die zwischen beiden bestand.

Die Operation in Svay Pak war von dem französischen Fernsehteam gefilmt worden. Damit begannen auch die Morddrohungen, denn der Zuhälter, der verhaftet worden war, wurde sehr schnell wieder aus dem Gefängnis entlassen. Man setzte mir auf dem Markt eine Pistole an die Schläfe und das Haus meiner Adoptiveltern ging in Flammen auf. Die Drohungen mussten also durchaus ernst genommen werden.

Als die Gefahr immer größer wurde, floh ich nach Frankreich. Genau zu dieser Zeit wurde Claude Sempères Dokumentation im Fernsehen ausgestrahlt. Daraufhin riefen mich alle möglichen Leute an. Gleichzeitig warteten wir noch immer auf Gelder. Claude Sempère ermöglichte mir außerdem ein Treffen mit Emma Bonino, die damals – ein paar Monate, bevor ich sie bei der Preisverleihung in Oviedo wieder sah – EU-Kommissarin für ECHO war, das Amt der Europäischen Gemeinschaft für humanitäre Hilfe mit Sitz in Paris. Die Aussicht, einen der großen »Häuptlinge« Europas zu treffen, versetzte mich in große Aufregung.

Als wir zu ihr ins Büro kamen, brüllte sie gerade ins Telefon. Ich erschrak und überlegte, wie ich mich aus dieser unangenehmen Lage befreien könne. Emma ist eine zierliche Frau, vermittelt aber den Eindruck großer Tatkraft.

Claude sagte zu mir: »Mach dir keine Sorgen. Sie brüllt zwar, hat aber ein Herz aus Gold.«

Emma Bonino hatte unsere Unterlagen bereits eingehend studiert. Innerhalb weniger Minuten brachte sie, mittels einiger in klangvollem Italienisch geführter Telefongespräche, die Sache ins Rollen.

Sie legte mir eine Hand auf die Schulter und fragte: »Alles in Ordnung, meine Liebe?«

Ich war erstaunt, was für eine Energie diese kleine, lächelnde Person ausstrahlte. Sie hatte mit wer weiß wem am Telefon herumgestritten, behandelte mich aber ausgesprochen freundlich. Und sie rauchte wie ein Schlot.

Dennoch war unser Hindernislauf noch nicht beendet. Wir mussten nach Brüssel, um mit Beamten der Europäischen Kommission zu diskutieren; es war mein erster Besuch dort. Pierre und ich reisten zusammen mit Henri in die belgische Hauptstadt. Wir sahen aus wie zerlumpte Flüchtlinge, als wir unsere Koffer durch den Regen schleppten. Mir war kalt, weil ich wieder keinen Pullover anhatte. Ich brauchte lange, um zu begreifen, wie man sich vor der Kälte in Europa schützt. Ich trug zwei Paar Socken übereinander, in viel zu engen, billigen Schuhen. Wie immer hatte ich Blasen an den Füßen …

Wir wurden von dem Kommissionsmitglied Santiago Valero empfangen, der für ECHO arbeitete, allerdings für Lateinamerika zuständig war. Seine Sekretärin, eine stattliche Deutsche, sah uns von oben herab an und machte sich nicht die Mühe zu verbergen, wie unpassend sie unseren Aufzug fand: ich mit meinen zerschlissenen Schuhen, Pierre, der wie üblich ein mürrisches Gesicht machte, und Henri in Lederhose mit Fransen, dazu unsere abgewetzten Koffer; wir waren ja geradewegs vom Bahnhof hierher gekommen. Man hätte uns für die Marx-Brothers halten können. Santiago Valero, ein großer Mann mit grauen Schläfen, bereitete uns einen herzlichen Empfang und sagte, vor unserem Treffen mit Emma hätten wir noch einen Termin mit einer Französin in der Abteilung für Menschenrechte.

Als ich den Kopf zu ihrer Tür hereinsteckte, fauchte sie mich an: »Was wollen Sie? Lassen Sie sich gefälligst einen Termin geben!«

Mein Herz hörte für einen Moment auf zu schlagen. Manche Franzosen, die im Ausland ein Amt bekleiden, haben eine unerträgliche Arroganz an sich. Wenn ich mich bei derselben Organisation an einen Spanier oder Italiener wende, werde ich charmant und zuvorkommend behandelt. Ich habe es ausprobiert, es war schon so, als ich noch nicht den Prinz-von-Asturien-Preis bekommen hatte. Ich weigerte mich, das Büro dieser Frau zu betreten.

Schließlich bekamen wir dann in den Jahren 1999 und 2000 Gelder aus einem ECHO-Programm, das auf eine Veränderung sexuellen Verhaltens zielte. Seitdem haben wir nichts mehr erhalten, denn das Programm wurde eingestellt.

Immerhin kam ich auf diese Weise zu meinem ersten richtigen Gehalt: mehr als zweitausend Dollar monatlich. Ich nutzte sofort die Gelegenheit und bereiste die Provinz, um die Familien der Mädchen zu besuchen, die bei uns im Zentrum untergebracht waren. Es war während der Trockenzeit, und viele von ihnen hatten keinen Reis mehr. Also kaufte ich von unseren Gehältern Reis und verteilte ihn an die Familien, damit sie nicht auf den Gedanken kamen, ihre Töchter würden besser wieder im Bordell arbeiten.

Am Monatsende fragte mich Pierre, wo unser Geld geblieben sei. Ich wollte es ihm nicht sagen, doch er erfuhr es trotzdem.

Da sagte er zu mir: »Vergiss nicht, dass wir vor zwei Jahren in Frankreich kein Geld hatten, um Titi behandeln zu lassen …«

Damals hielten wir uns ohne einen Centime in der Tasche in Nizza auf. Titi hatte Abszesse im Mund und konnte weder essen noch trinken. Wir hatten nicht einmal genügend Geld, um zum Arzt zu gehen. Nach ein paar Tagen hatte Pierre einen Armenarzt aufgetrieben, doch seine Behandlung brachte nichts. Ich war verzweifelt und flehte Titi an: »Bitte stirb nicht, ich bleibe immer bei dir. Wenn du stirbst, sterbe ich auch.« Ich hatte mir schon ein Küchenmesser beiseite gelegt, denn ich war entschlossen, meiner Tochter gegebenenfalls in den Tod zu folgen. Ich konnte mir ein Leben ohne sie einfach nicht vorstellen. Dann aber kam unsere Freundin Nathalie Sohier, die auf dem Weg nach Korsika war, zu Besuch. Nathalie war Ärztin und als solche eine Zeit lang Pierres Chefin bei *Ärzte ohne Grenzen* gewesen. Sie untersuchte Titi, kaufte von ihrem eigenen Geld Medikamente und blieb ein paar Tage, um unsere Tochter zu behandeln, der es allmählich wieder besser ging. Für mich ist Nathalie wie eine Göttin, weil sie mein Kind gerettet hat.

Pierre hat früher sehr viel geraucht, mehrere Schachteln am Tag. Ich hatte ihn schon des Öfteren gebeten aufzuhören, doch er wollte nichts davon wissen. Dann erlitt seine Mutter einen leichten Herzinfarkt, und ich dachte, ich will meinen Mann nicht wegen dieser blöden Zigaretten verlieren. Aber er war stur wie ein Maultier.

Also nahm ich die Sache in die Hand, auf asiatische Art und Weise: Ich sagte zu ihm, an dem Tag, an dem ich ein höheres Gehalt bekäme als er, müsse er aufhören zu rauchen. Das schien ihm so unvorstellbar – wie sollte eine ungebildete schwarze Frau wie ich je mehr verdienen als er –, dass er einwilligte. Als das Geld aus dem ECHO-Programm eintraf und ich das vereinbarte Gehalt erhielt, musste er wohl oder übel sein Versprechen einlösen. Seine Mutter empfahl ihm, es mit Nikotinpflastern zu versuchen. Ich aber sagte: »Du brauchst die Dinger nicht, um mit dem Rauchen aufzuhören. Wenn du es wirklich willst, schaffst du es auch ohne diese lächerlichen Hilfsmittel. Das spielt sich alles im Kopf ab.«

In der ersten Zeit, nachdem er aufgehört hatte, war er ständig gereizt. Dauernd steckte er den Kopf in den Kühlschrank, löffelte gläserweise Nutella in sich hinein. Binnen kurzem hatte er über zehn Kilo zugenommen. Für ihn war das schrecklich, doch ich fand ihn viel schöner so!

Kambodschas Kinder

ALS KIND SAH ICH MANCHMAL in der Zeitung wichtige Frauen, zum Beispiel Madame Meng Sam On, die als eine der ersten kambodschanischen Frauen Ministerin wurde. Das faszinierte mich, ich wollte sie unbedingt kennen lernen. Eines Tages, das schwor ich mir, würde ich so sein wie sie! Wenn ich solche Frauen abends im Radio sprechen hörte, dachte ich immer, mein Leben ist zwar furchtbar, ich werde geschlagen und verachtet, aber es gibt anscheinend einen Ausweg. Die ganze Zeit klammerte ich mich an diesen Gedanken. Ich träumte auch davon, Männer wie den chinesischen Kaufmann, der mich als Kind vergewaltigte, zu töten, um ihnen zu zeigen, wozu so ein kleines, dunkelhäutiges Mädchen fähig war. Sicher sind diese Phantastereien meiner Kindheit ausschlaggebend dafür, dass ich heute den Mut habe, mich für konstruktive Dinge einzusetzen. Diese Mordgedanken waren reine Hirngespinste, doch ich lernte dadurch, nicht aufzugeben.

Vor einiger Zeit habe ich mir meinen Traum erfüllt und Madame Meng Sam On eingeladen, die *Afesip* zu besuchen. Ich gestand ihr, dass ich als Kind so wie sie sein wollte. Wir unterhielten uns lange und wurden gute

Freundinnen. Seither darf ich sie anrufen, wenn ich etwas brauche. Die Gründung der *Afesip* hat mir außerdem die Erfüllung eines weiteren Traums ermöglicht: Endlich habe ich ein Haus, das groß genug ist, um all die Mädchen aufzunehmen und mich um sie zu kümmern. Die Leute schätzen unsere Arbeit, das spüre ich, wenn ich in Europa unterwegs bin. Man sieht es auch. Denn obwohl ich ihre Sprache nicht verstehe, kann ich ihnen von den Augen ablesen, was sie sagen wollen.

Diese Menschen geben mir Kraft, doch ich habe auch schwache Momente. Wenn ich an meine Kindheit zurückdenke, blicke ich in eine Art Hölle. An die guten Dinge habe ich kaum Erinnerungen, doch die Misshandlungen, die Qualen sehe ich deutlich vor mir. Zwei-, dreimal habe ich versucht, meinem Leben ein Ende zu setzen, dann war ich darüber hinweg. Das Gewicht meiner Vergangenheit und all der Gewalttaten lastet aber immer noch auf mir.

Oft muss ich an eine meiner Freundinnen denken, die sich umbringen wollte. Sie kam eines Tages in unsere Bar und sagte zu mir: »Weißt du, wenn du Prostituierte warst, wird es immer jemanden geben, der zu dir sagt: ›Selbst schuld.‹ Auch wenn du dazu gezwungen worden bist!« Sie war mit einem Mann verheiratet, den sie liebte, und hatte zwei hübsche Kinder. Doch eines Tages hatte ihr Mann sie während eines Streits angebrüllt: »Tausende Männer sind über dich drübergestiegen! Du bist ja nur eine Hure!« So etwas darf man einfach nicht zu einer Frau sagen. Sie fragte mich, ob ich mich um ihre Kinder kümmern würde. Ich lehnte ab: »Das kannst du nicht machen. Du bist verantwortlich für deine Kinder und musst weiterleben – und sei es nur ihretwegen.« Auch ich hatte schon unzählige Male an Selbstmord gedacht. Doch wenn ich meine Kinder aus ihrem Zimmer rufen höre: »Mama, ich hab dich lieb, Küsschen ...«, dann werfe ich die Medikamente ins Klo. Meine Freundin hat den Gedanken an Selbstmord schließlich aufgegeben. Ihr Mann ahnt nicht, dass es um ein Haar dazu gekommen wäre.

Ständig fühle ich mich schmutzig, vom Pech verfolgt. Auch heute noch. Es steckt tief in mir drin. Wenn ich schlafe, träume ich von Brutalitäten, von Vergewaltigungen. Ich habe so oft Albträume. Erst gestern habe ich wieder von Schlangen geträumt, die in meine Hose krochen. Schon oft habe ich versucht, mich von diesen Albträumen zu befreien – vergebens.

Ich glaube nicht, dass es genügt, einen Psychologen aufzusuchen. Das habe ich getan, ich habe vieles versucht, aber das alles ist in meinen Körper eingebrannt. Wundmale auf der Haut, Folterspuren, Brandwunden von Zigaretten, Narben an den Knöcheln von eisernen Ketten – so etwas kann man nicht auslöschen. Ich lebe mit den Qualen der Vergangenheit, sie sind einfach da. Genau deshalb bleibe ich auch bei der *Afesip*. Viele Menschen arbeiten für Institutionen, die sich der Rettung von Kindern verschrieben haben, aber zuweilen habe ich den Verdacht, dass manche dieser Freiwilligen voller Verachtung auf Prostituierte herabsehen. Bei mir ist das anders, ich bin ja eine von ihnen. Alles, was sie erlebt haben, habe auch ich erlebt, es ist, als würde ich es noch einmal erleben, ich trage die Zeichen an Körper und Seele. Wir teilen diese Erfahrung und brauchen nicht darüber zu sprechen, um einander zu verstehen. Das Leben ist unsere tägliche Hölle. Wenn man bestimmte Leute reden hört, merkt man, dass sie wegen des Geldes hier arbeiten, und nicht, weil es ihnen ein persönliches Anliegen ist.

Natürlich weiß ich, dass all das Vergangenheit ist. Heute könnte mich niemand mehr vergewaltigen. Ich würde mich mit aller Kraft zur Wehr setzen. Früher habe ich immer bedauert, dass ich diejenigen, die mir Gewalt angetan haben, nicht getötet habe.

Eines Tages hätten wir tatsächlich beinahe einen Freier umgebracht, einen kleinen, gewalttätigen Mann, der mich geschlagen und gebissen hatte, wie in diesen japanischen Filmen. Anfangs tat er sehr freundlich. Er behauptete, sich in meine Freundin verliebt zu haben und ihr bei der Flucht aus dem Bordell helfen zu wollen. Monatelang kam er sie besuchen. Dann stellten wir fest, dass er uns bei der Puffmutter verpetzte. Wenn wir irgendwohin gingen, erfuhr sie davon und schlug uns anschließend. Eines Abends hat er uns beide in einem Hotel vergewaltigt. Danach versuchte er, uns in Kokosmilch aufgelöste Medikamente einzuflößen. Ich war misstrauisch, denn ich hatte schon einmal ein unschönes Erlebnis mit ihm: Er hatte mich und eine andere Freundin in ein Hotel mitgenommen und uns Drogen verabreicht, so dass wir irgendwann neben einem Dutzend Männer liegend aufwachten, übersät mit blauen Flecken und unfähig aufzustehen. Also sagte ich zu meiner Freundin: »Trink das nicht. Wir werden es *ihm* einflößen.« Als er auf der Toilette war, tauschte ich rasch die Gläser aus. Dann kam er zurück, leerte sein Glas, genau wie wir, und kurz darauf fiel er in tiefen Schlaf.

Wir dachten, er hatte vielleicht vorgehabt, uns zu töten. Deshalb knoteten wir ein *krama*, eine Art Stoffschal, um seinen Hals und zogen es zu. Anschließend zerschnitten wir ihm Füße und Hände. Doch dann mussten wir an seine Frau und seine Kinder denken. Wenn wir ihn töteten, wäre die Unglückliche gezwungen, auf den Strich zu gehen, um ihre Kinder großzuziehen, und da lockerten wir das *krama* wieder und ergriffen die Flucht. Eine ganze Weile wussten wir nicht, ob er überlebt hatte. Irgendwann sah ich ihn dann zufällig auf dem Markt. Er sprang auf sein Motorrad und sauste davon, als wäre der Teufel hinter ihm her!

Wie oft haben wir daran gedacht, diese brutalen Kerle umzubringen! Wir hätten es tun können. Wir waren jung, wir waren schwach und klein, aber wir hätten es tun können. Doch immer mussten wir an ihre Frauen, ihre Familien denken. Wir sagten uns dann, dass auch sie ja Frauen waren, so wie wir. Trotzdem, damals habe ich manchmal bereut, es nicht getan zu haben.

Diese Männer haben uns so großes Leid zugefügt. Pierre erinnert sich noch gut daran. Inzwischen habe ich verstanden, dass man Böses nicht mit Bösem vergelten muss. Ich bin Buddhistin und schenke sogar den Priestern Gehör: Sie sagen, Rache lohne sich nicht, man müsse an sein nächstes Leben denken und den Kindern ein Vorbild sein. Bei der *Afesip* fällt einem das schwer. Wenn neue Mädchen eintreffen, erzählen sie, was sie erlebt haben, und dann ist es, als würde ich all das erneut durchleben; mit einem Schlag taucht die Vergangenheit wieder vor meinem inneren Auge auf. Nur mühsam kann ich meine Gefühle im Zaum halten, wir weinen gemeinsam, das hilft.

Viele meiner Freundinnen sind wohl gestorben. Vergebens suche ich nach ihnen, sie haben keine Spur hinterlassen. Heute wäre ich in der Lage, ihnen aus ihrer

Misere herauszuhelfen, doch nun sind sie nicht mehr da. Kürzlich traf ich eine von ihnen wieder; ich gab ihr Geld, damit sie ein kleines Geschäft eröffnen konnte, doch dann war sie auf einmal verschwunden. Wahrscheinlich hat man sie aus dem Weg geräumt. Sie war mit einem Typen verheiratet, den wir King Kong nannten, einem Mafia-Killer. Seine Frau behandelte er gut, doch das Einzige, was er konnte, war töten. Er hatte ihr Liebe und alles, was er besaß, geschenkt, doch die Polizei brachte ihn wegen einer Entführung zu Fall, die aufs Konto der lokalen Mafia ging.

Ich hätte auch gern den beiden einzigen Frauen geholfen, die nett zu mir waren, damals, in dem Bordell in der Nähe des großen Marktes, das innerhalb von fünfzehn Jahren zwei- oder dreimal den Besitzer gewechselt hat. Wie gern wäre ich in der Lage, dorthin zu gehen, doch ich habe es nie fertig gebracht, es überstieg meine Kräfte. Ich wage nicht einmal, an dem Haus vorbeizugehen, mache lieber einen Umweg.

Als ich klein war, sprach ich fast nie. Es gab niemanden, dem ich hätte vertrauen können, außer meinen Adoptivvater, der auch nie etwas sagte. Mit der Zeit habe ich von Pierre gelernt, meinen Standpunkt zu vertreten, den Mund aufzumachen, wenn es notwendig ist. Doch es fällt mir nicht leicht. Im Grunde halte ich mich nach wie vor an die alte kambodschanische Regel: Vertraue niemandem! Wenn du anderen deine Gefühle zeigst, werden sie das ausnutzen, um sich über dich lustig zu machen oder dich zu verletzen. Vertraulichkeiten sind ein Zeichen von Schwäche, und der Schwache wird unweigerlich zertreten. Ein Wort, das man loslässt, prallt wie ein Ball zurück. Sein Innerstes zum Ausdruck zu bringen ist ein gefährlicher Sport. Besser, man verheimlicht alles, dann verliert man auch nicht das Gesicht. Ich gehöre einer ethnischen Minderheit an, die wenig, dafür aber geradeheraus spricht; die Leute sind ehrlich, Verstellung ist ihnen fremd. Die meisten Kambodschaner dagegen scheinen unaufhörlich zu lügen, um sich zu schützen. Das nämlich ist nach Pol Pot aus Kambodscha geworden – vielleicht war es vorher anders. Der Kampf ums Überleben hat die Menschen hart gemacht. Und diejenigen, denen es nur ums Geld geht, sind noch verlogener als die anderen.

Schon ganz kleine Kinder müssen arbeiten. Sie werden geschlagen. Wenn sich Vater und Mutter streiten, müssen das oft die Kinder ausbaden. Vor allem, wenn der Mann es nicht wagt, seine Frau zu schlagen, weil sie aus dieser oder jener Familie stammt. Die Kinder müssen Geld verdienen. Sie helfen bei der Feldarbeit, verrichten kleinere Tätigkeiten. Ein wenig hat man sie ja auch zu diesem Zweck. Diejenigen, die nicht genügend einbringen, verkauft man für eine geringe, zuweilen geradezu lächerliche Summe. Sie werden Sklaven bei den Reichen, so ist es Tradition. Man kann sie nicht mit den Sklaven in den Plantagen Nordamerikas vergleichen, doch wie soll man jemanden nennen, der sein Leben im Dienste einer Familie zubringt, ohne Lohn, ohne Papiere? Keiner nimmt Anstoß daran. Erst seit kurzer Zeit – vielleicht liegt das am Einfluss des Auslands – findet man so etwas in den westlicher orientierten Schichten auf einmal tadelnswert oder gar anstößig.

Bei uns im Dorf gab es sicher schlimmere Fälle als meinen: Oft habe ich Kinder gesehen, die jeden Tag geschlagen und aus dem Haus geworfen wurden. Vor allem die Frauen sind es, die handgreiflich werden. Bei den Männern kommt es seltener vor, allerdings ist es bei ihnen auch gefährlicher, weil sie stärker sind. Als ich klein war, gab meine Adoptivmutter ihren eigenen Töchtern den Vorzug. Wenn wir uns stritten, bekam stets ich als Erste eine Ohrfeige, und das wiederholte sich mehrmals am Tag. Jetzt, wo etwas aus mir geworden ist, zieht sie mich ihren Töchtern vor. So ist das oft in Kambodscha: Wenn du es zu etwas bringst, scharen sich die Leute haufenweise um dich und behaupten, sie verehrten dich. Offensichtlich tun sie das nur um des eigenen Vorteils willen, und man sollte nicht auf ihre Scheinheiligkeit hereinfallen!

All diese Erwachsenen sind als Kinder geschlagen worden, manchmal auch später noch. Wenn der Vater meiner Adoptivmutter zu uns kam und mit irgendetwas nicht zufrieden war, schlug er sie windelweich. Als sie jünger war, hatte ihre Stiefmutter sie misshandelt, ja, regelrecht gefoltert. Und dann hatte ihr Vater sie einfach an ein Bordell verkauft. Mein Adoptivvater war es, der sie später dort herausholte.

Einmal übernachteten wir bei einer Tante meiner Adoptivmutter, die wir wegen ihres hohen Alters »Großmutter« nannten. Mitten in der Nacht weckte mich eine meiner Schwestern und sagte zu mir: »Komm, Großmutter spricht im Schlaf. Sie redet über unsere Mutter.« Auf diese Weise erfuhren wir, dass man sie als Kind misshandelt und sogar angekettet hatte. Diese Enthüllungen verstörten uns sehr. Den Rest der Nacht weinten wir gemeinsam. Doch unsere Mutter hat nie über ihre Vergangenheit gesprochen. Sie konnte es nicht. Und kann es bis heute nicht.

Die Mutter meines Adoptivvaters dagegen war früh gestorben, und sein überaus brutaler Vater zog ihn allein groß. Heute lächelt mein Adoptivvater immer, was auch passiert, er lächelt. Doch dieses Lächeln verdeckt natürlich seine Leiden. Dennoch: Seine Kinder hat er nie geschlagen, weder die leiblichen – sechs an der Zahl – noch die adoptierten, und davon hatte er im Lauf der Jahre über fünfzehn. Eins davon war ich.

Die Erwachsenen geben die Grausamkeiten weiter, die sie selbst erlitten haben. Eine meiner Freundinnen sagte einmal zu mir: »Na schön, ich schlage meine Tochter, aber längst nicht so oft, wie ich damals von meiner Mutter geschlagen worden bin …« Diese unheilvolle Kette muss endlich einmal durchbrochen werden!

Die Kinder in Kambodscha haben kaum eine Chance. Sie werden zu Erwachsenen, die ihrerseits kaum eine Chance haben. Heute wird viel über Mädchen gesprochen, die, oft blutjung, von Familienangehörigen vergewaltigt werden, als wäre dies etwas völlig Neues. Das einzig Neue ist, dass es heute Institutionen und Organisationen gibt, die diese schreckliche Praxis öffentlich machen und in Zukunft verhindern wollen. Früher haben sich die Opfer so sehr geschämt, dass sie schwiegen. Hätten sie den Mund aufgemacht, hätten sich ihre Familien gegen sie gewendet und behauptet, sie brächten Schande über das Haus. Wenn ein Ehemann seine Frau schlägt, vergewaltigt oder vernachlässigt, muss die Frau sich noch immer opfern, um die Familie davor zu bewahren, dass sie an den Pranger gestellt wird. Heutzutage haben wir zumindest die Möglichkeit, diejenigen zu schützen, die das Schweigen brechen. Doch wir stehen noch ganz am Anfang.

Mein Adoptivvater hat uns zu Aufrichtigkeit und Fleiß erzogen. Wir waren ständig damit beschäftigt, genügend Nahrungsmittel für diesen großen Haushalt zu beschaffen. Kamen wir vom Fischfang, musste der Fisch zubereitet werden. Man kann ihn auf verschiedene Art konservieren, als gegorene Paste, im eigenen Saft, getrocknet, so dass man das ganze Jahr über etwas davon hat. Ich beherrsche alle diese Zubereitungsarten – *prahoc*, *pa'or* oder auch *mam*, wo der Fisch in Krügen aufbewahrt wird. Ich kann sogar Köder anfertigen, wie ein richtiger Junge. Und auf die Reislese verstehe ich mich noch heute.

Vater verlangte von uns absolute Ehrlichkeit. Eines Tages hatten wir eine goldene Halskette auf der Straße gefunden. Wir hoben sie auf und behielten sie. Unsere freudige Erregung entging ihm nicht, und so entdeckte er die Kette. Er ärgerte sich, dass wir sie mitgenommen hatten, das Schmuckstück war viel wert. Also machte er sich auf die Suche nach demjenigen, der sie verloren hatte.

Diese Erziehung war eine gute Vorbereitung auf die Zukunft. Als ich in Frankreich lebte, arbeitete ich achtzehn Stunden am Tag, und es machte mir überhaupt nichts aus. Ich beklage mich oft, dass ich eine entsetzliche Jugend hatte, aber diese entsetzliche Jugend hat mich dorthin gebracht, wo ich heute bin.

Bruch mit den Traditionen

Betrachtet man die Situation der kambodschanischen Frauen, so lässt sich verallgemeinernd sagen, dass sie wie Sklavinnen gehalten werden, und die Kinder ebenso. Wie in Asien üblich, erhalten Mädchen keinerlei Sexualaufklärung. Zu Hause wird nie über so etwas mit ihnen gesprochen. Wenn sie zum ersten Mal ihre Regel bekommen, trifft sie das Ereignis vollkommen unvorbereitet, und vor allem schämen sie sich. Eine Freundin von mir dachte, sie sei von Blutegeln befallen worden. Niemand erklärt den Mädchen, was da mit ihnen geschieht. Später, wenn sie heiraten, sagt ihnen auch niemand, was sich zwischen Mann und Frau abspielt, wie sie sich verhalten sollen. Die Eltern erteilen ihnen nur einen einzigen Ratschlag: »Was immer dein Mann mit dir macht, lass ihn gewähren.« Die jungen Frauen kennen ihren eigenen Körper nicht, die Funktion ihrer Organe, all das finden sie verwirrend, seltsam, anstößig. Natürlich haben sie auch keine Vorstellung davon, was sexuelles Vergnügen ist. In den Kitschromanen, die im Umlauf sind, wird das Thema Sexualität ausgespart. Die Männer haben ihre ersten Erfahrungen im Bordell gesammelt; sie sehen die Frau nur als Objekt, das es gewaltsam in Besitz zu nehmen gilt. In der Ehe sind die ersten sexuellen Begegnungen oft traumatisch, für beide Seiten, und in der Folge erlebt der Mann kurze Augenblicke brutaler Befriedigung, während der Frau stets vor diesem schmerzhaften Eindringen in ihren Körper graut. Nur selten gibt es erfüllte, harmonische Beziehungen. Manche Paare leben jahrelang in Keuschheit, weil sie erstens nicht wissen, *was* sie tun sollen, und zweitens, *wie* sie es tun sollen. So herrscht Frustration auf allen Ebenen, und die frustrierten Frauen erziehen ihre Töchter zu einer Haltung der Ablehnung und Unterwerfung.

Den Männern gehört die Macht. Mit einer Ausnahme: Vor ihren Eltern kuschen sie. Einer ranghöheren Person gegenüber müssen sie sich still verhalten, sich verneigen. Doch kaum hat die betreffende Person den Raum verlassen, kehrt die Überheblichkeit der Männer zurück, und sie erteilen der ganzen Familie Befehle. Wenn die Ehefrau aufbegehrt, setzt es Schläge.

Es gibt nur ein einziges gültiges Gesetz: »Vor der Vergewaltigung herrscht Schweigen, nach der Vergewaltigung herrscht Schweigen.« Schon als kleinen Kindern bringt man uns bei: Sei wie der Kapokbaum, *dam kor*. Das ist ein Wortspiel, denn *dam kor* bedeutet in unserer Sprache auch »taubstumm«. »Es wie der Kapokbaum machen«, heißt also, dass man sich, um zu überleben, taubstumm stellt. Und blind sollte man am besten auch sein. Ich habe große Mühe, mich von diesem Druck zu befreien, doch ich wage es, mich gegen das Schweigegebot aufzulehnen.

Zwei Jahre lang bekamen wir Gelder, um ein Erziehungsprogramm für Männer auf die Beine zu stellen.

Wir hielten Vorträge in Polizeistationen oder Militärlagern. Als ich das zum ersten Mal tat, sagten alle zu mir: »Wie bitte? Du redest mit ihnen über Sex? Du, als Frau?! Schämst du dich denn nicht?« Doch, ich schämte mich, und wie. Aber ich wusste, dass es notwendig war, die Mauer des Schweigens zu durchbrechen. Pierre ermutigte mich dazu. Wir begannen mit Erläuterungen über Aids und wie man sich davor schützen kann. Die Männer bekundeten Interesse, denn sie hatten Angst. Wir erklärten ihnen alles von Grund auf und zeigten ihnen sogar mit Hilfe von Bananen, wie man ein Kondom überstreift! Es war der richtige Zeitpunkt, um die Dinge beim Namen zu nennen und sie davon zu überzeugen, dass sie sich von ihren irrationalen Vorstellungen und nutzlosen Schutzmaßnahmen verabschieden sollten. Eine Fragerunde leitete zum Thema »Sex in der Ehe« über.

Viele Männer berichteten, ihre Frauen fänden keinen Gefallen am Sex, und das sei der Grund, weshalb sie ins Bordell gingen. Sie redeten ganz offen darüber. Die Passivität ihrer Frauen entmutigte sie. Niemand war mit diesem Zustand glücklich. Die Rolle der Frau besteht traditionell darin, dass sie reglos daliegt, während der Mann seinen Trieb befriedigt. Einer unserer Vortragenden erläuterte den vor ihm sitzenden Uniformierten, wie das Vergnügen des Mannes sich von dem der Frau unterscheidet. Dass es so etwas wie Liebe gibt. Er erntete ungläubiges Staunen.

Die Bedeutung unserer Traditionen sollte nicht unterschätzt werden. So darf sich die Frau etwa nach der Niederkunft eine gewisse Zeit, mitunter bis zu zwei, drei Monate, nicht waschen, da sie dadurch angeblich ihre

Schönheit bewahrt, vor allem die ihrer Haut. Würde die junge Mutter zu früh duschen, liefe sie zudem Gefahr, krank zu werden. Ähnliches gilt während der Menstruation. Kein Wunder, dass sich der Mann, der das Lager der jungen Mutter teilt, über die üblen Gerüche beschwert.

Auch der zunehmende Einfluss pornografischer Videos wurde diskutiert. Ein Mann erzählte, seine Frau habe zu ihm gesagt: »Wenn du solche Kunststücke machen willst, wie die in den Filmen, dann geh ins Bordell!« Und das habe er dann auch getan. Lachend fügte er hinzu: »Also, diese vietnamesischen Mädchen – die ziehen sich aus, die sind fett, weiß und rund wie Schweine. Einfach großartig!«

Die Vortragenden der *Afesip*, wie etwa Monsieur Cheng, aber auch die Frauen, die Vorträge hielten, erörterten diese Fragen sachlich und nüchtern. Kein Zweifel, bei der Erziehung der jungen Männer musste man ganz von vorn beginnen. Doch das akzeptierten die Betroffenen gern, denn es war ihnen durchaus bewusst, dass ihr Sexualleben erschreckend trostlos war. Wir zeigten ihnen ein Video, auf dem ein Mädchen erzählt, wie es vergewaltigt worden ist. Die Männer weinten, als sie das sahen! Und sie begannen, sich für unsere Arbeit zu begeistern. Schon im ersten Monat bekam ich drei- bis vierhundert Briefe, danach waren es Tausende! Das Echo war überwältigend. Überall wurden wir zu Vorträgen eingeladen.

Am schwierigsten war es, mit jugendlichen Schülern ins Gespräch zu kommen. In der kambodschanischen Gesellschaft sind diese Themen tabu, dennoch hielten wir eine ganze Reihe von Versammlungen ab. Die meisten Heranwachsenden gehen ins Bordell. Sie sind ziemlich ahnungslos und benutzen daher nie oder nur selten Kondome, so dass die Zahl der Aids-Infektionen in erschreckendem Maße zunimmt. Davon sind auch junge Frauen betroffen, denn sie sind es ja, die die infizierten jungen Männer heiraten. Wenn ich mich bei diesen Versammlungen selbst in die Diskussion einmischte, musste ich mich über das Tabu hinwegsetzen, dass eine kambodschanische Frau nicht öffentlich über solche Dinge reden darf. Um die Pille propagieren zu können, stellte ich mich als »Französin« vor, damit das Publikum bereit war, mir zuzuhören. Wird ihnen dann klar, welchen Risiken sie sich aussetzen, spitzen sie die Ohren.

Die Einstellung der Menschen muss sich ändern. Am 1. Juni, dem Tag des Kindes, war allerorten die Rede von den Rechten unserer Kinder, doch das hindert niemanden daran, sie zu missachten. Ich wurde gebeten, eine Botschaft an die Kinder zu richten, doch ich sagte, ich würde lieber eine Botschaft an ihre Eltern richten. Also sprach ich im Fernsehen über die mangelnde Kommunikation zwischen den Generationen. Kinder können nicht mit ihren Eltern über Probleme sprechen, am wenigsten in der Pubertät, wenn es zu ersten widersprüchlichen Gefühlsregungen kommt. Erwähnen sie dies ihren Eltern gegenüber, werden sie geschlagen, mit der Begründung, sie hätten kein Recht, ihre Gefühle und Sehnsüchte zum Ausdruck zu bringen. Ich erklärte den Eltern, Gewalt und Strafe seien keine Lösung, sie sollten ihren Kindern vielmehr sagen, dass dies ein ganz natürlicher Vorgang sei und sie lediglich lernen müssten, ihre Gefühle im Zaum zu halten, während sie weiterhin für die Schule lernten. Außerdem sagte ich, wenn ihre Kinder etwas anstellten, vielleicht sogar schlimme Dinge taten, um die Aufmerksamkeit auf sich zu lenken, so genüge es nicht, wenn die Mutter die Sache mit Geld wieder in Ordnung bringt oder der Vater ihnen eine Ohrfeige gibt. Die Eltern müssten lernen, ihren Kindern zuzuhören – und zwar möglichst bevor es zu einem Drama kommt.

Anschließend schlugen mir die Leute vom Fernsehen vor, einmal pro Woche eine Sendung zu dem Thema zu machen. Doch ich eigne mich nicht als Ratgeberin im Studio. Das eine Mal habe ich aus innerer Überzeugung gesprochen; auf Abruf gelingt mir so etwas nicht. Daher lehnte ich ab.

Dreißig Jahre Krieg haben dieses Land moralisch zugrunde gerichtet. Die Menschen bekennen sich zum Buddhismus, doch was heißt das schon? In die Pagode zu gehen und ein paar rituelle Gesten zu vollführen, um sich das Glück gewogen zu machen – das hat nichts mit Buddhismus zu tun. Man muss sich voll und ganz dafür einsetzen. Die Khmer wissen gar nicht mehr, wer sie eigentlich sind. Ich habe mich zum Beispiel mit den Trachten der Khmer beschäftigt und Nachforschungen angestellt. Dabei stieß ich auf Postkarten aus den 20er und 30er Jahren des letzten Jahrhunderts, auf denen die Khmer in traditioneller Kleidung abgebildet sind. Ich ließ mir daraufhin ähnliche Gewänder schneidern, doch was sagten meine Freundinnen, hoch gestellte Persönlichkeiten, daraufhin zu mir: »Warum kleidest du dich denn wie eine Thai?«

»Ihr seht eher so aus, als kämet ihr aus Bangkok«, erwiderte ich. »Ich versuche lediglich, zur ursprünglichen Khmer-Mode zurückzufinden, zum Khmer-Stil der Longvek-Periode, um genau zu sein.«

Ich schlug den jungen Frauen beim Fernsehen vor, sich mit unseren Traditionen zu beschäftigen und die Ergebnisse ihrer Recherchen den Fernsehzuschauern zu präsentieren, damit unsere Vergangenheit nicht in Vergessenheit gerät.

Man fragt sich wirklich, was aus der kambodschanischen Gesellschaft geworden ist. Vor einiger Zeit traf ich eine Frau, die im Bordell das Geld abholte, das ihre zehnjährige Tochter verdient hatte. Als ich ihr deswegen Vorwürfe machte, erwiderte sie: »Es ist meine Tochter. Ich habe sie neun Monate ausgetragen, ich habe Schmerzen gelitten, als sie zur Welt kam. Also kann ich machen, was ich will. Es ist schließlich nicht Ihr Kind.«

»Ich habe auch eine Tochter, die habe ich ebenfalls ausgetragen und unter Schmerzen zur Welt gebracht«, entgegnete ich. »Doch wenn ich ihr nichts zu essen geben könnte, würde *ich* anschaffen gehen, nicht sie!«

»Mein Mann schlägt mich. Sobald ein wenig Geld im Haus ist, trinkt er, dann verprügelt er mich und fällt über mich her. Er schlägt auch die Kinder. Meine Tochter ist im Bordell, durch sie verdiene ich Geld. Vielleicht findet sie dort ja auch einen Mann, der sie heiratet.«

Ein anderes Mal unterhielten wir uns mit einem Mann, der seine Tochter missbraucht hatte. Wir fragten ihn, weshalb er das getan habe.

»Ihre Mutter ist schön, sie zieht die Aufmerksamkeit aller Männer im Dorf auf sich. Um ihr wehzutun, habe ich ihre Tochter vergewaltigt, die ebenfalls schön ist.«

»Aber es ist doch auch Ihre Tochter!«

»Nein, sie ist die Tochter ihrer Mutter. *Sie* war schließlich schwanger. Das Kind bedeutet mir nichts, ich habe es ja nicht in meinem Bauch ausgetragen!«

Das ist die Art von Antworten, die wir bei unseren Gesprächen erhalten ...

Im Betreuungszentrum hatten wir ein Mädchen, das seit mehreren Jahren dort wohnte. Wir versuchten herauszufinden, wo ihre Familie lebte, doch sie lehnte ein Treffen mit ihrer Mutter strikt ab. Mit acht Jahren war sie verkauft worden. Als sie damals gemeinsam im Bordell ankamen, hatte die Kleine ihre Mutter angefleht: »Mama, ich will keine Teller spülen!« (Man hatte ihr also weisgemacht, sie müsse dort Geschirr spülen!) »Ich will bei dir bleiben, auch wenn wir nichts zu essen haben!« Sie klammerte sich an ihre Mutter. Doch die gab ihr eine Ohrfeige und stieß sie von sich, worauf die Kleine hinfiel. Als sie die Knöchel ihrer Mutter umschlang, versetzte die ihr einen Fußtritt und ging hinaus, ohne sich noch einmal umzudrehen, mit fünfzig Dollar in der Tasche.

Man musste das Mädchen zwingen, seinen Körper zu verkaufen. Sie wurde mit Cremes eingerieben, damit ihre Haut heller und damit attraktiver wurde. Da sie sich wehrte, wurde sie verprügelt. Mit blauen Flecken übersät, musste sie schließlich Freier empfangen. Nach der Entjungferung wurde sie, natürlich ohne Betäubung, wieder zugenäht und an ein anderes Bordell verkauft. So ging es weiter, bis sie zehn war und wir sie retteten. Ich nahm mich ihrer an und fragte sie von Zeit zu Zeit: »Sag mal, Kleine, willst du nicht deine Mutter wiedersehen?«

»Nein, niemals!«

Ich, die ich meine eigene Mutter so gern kennengelernt hätte, weinte mit ihr zusammen. Sie blieb vier Jahre bei uns, und eines Tages sagte sie zu mir, dass sie ihre Mutter nun doch sehen wolle. Es war nicht leicht, die Familie ausfindig zu machen, denn das Mädchen hatte nur sehr verschwommene Erinnerungen. Eines Tages erkannte sie jedoch ihren Bruder in einem Dorf auf der Straße. So fanden wir schließlich auch die Mutter. Sie fing an zu weinen, als sie ihre Tochter sah.

Das Mädchen sagte zu ihr: »Hör auf zu heulen. Ich bin gekommen, um dir eine Frage zu stellen: Warum hast du mich verkauft?«

Die Mutter stammelte, nicht sie sei es gewesen, sie liebe sie doch und habe überall nach ihr gesucht. Dann schluchzte sie heftig.

»Du hast dich kein bisschen verändert. Aber du bist nicht mehr meine Mutter. Das hier ist meine Mutter«, sagte das Mädchen und deutete auf mich. »Sie hat mir nicht das Leben geschenkt, aber von ihr habe ich alles andere bekommen.«

»Willst du hier bei uns wohnen?«

»Nein. Auf keinen Fall. Ich habe vier Jahre darüber nachgedacht, doch heute bin ich gekommen, weil ich eine Antwort auf meine Frage will: Warum hast du mich verkauft? Warum hast du mich geschlagen, als ich dich umarmen wollte? Warum hast du mir einen Fußtritt gegeben, als ich mich an deine Knöchel geklammert habe? Du hattest fünfzig Dollar in der Hand.«

»Nein, ich habe dich nicht verkauft. Ich wusste nicht, dass es ein Bordell war.«

»Wie kannst du so was behaupten?«

»Wir hatten nichts zu essen.«

»Du lügst. Du hast trotzdem bis zum heutigen Tag überlebt.«

Ihr kleiner Bruder schaltete sich in das Gespräch ein und sagte, er habe Angst gehabt, sie würde auch die jüngste Schwester verkaufen. Und die Nachbarn erzählten, sie hätte es getan, wenn die Kleine nicht von Geburt an behindert gewesen wäre. Niemand hatte das Kind kaufen wollen; so verhielt es sich in Wirklichkeit.

Das Mädchen wandte sich an die Dorfbewohner, die sich um sie geschart hatten. »Im Alter von acht Jahren vergewaltigt zu werden, das tut verdammt weh. Man hat mir meine Kindheit wegen ein bisschen Geld gestohlen. Das ist alles, was euch interessiert: Geld!«

Wir machten uns auf den Rückweg. Das Mädchen wollte nicht eine Sekunde länger an diesem Unglücksort bleiben. Sie war vierzehn und hatte den Körper eines Kindes, doch ihr Geist war frühzeitig gealtert, gezeichnet von den Leiden, die sie durchgemacht hatte.

Im Augenblick geht sie zur Schule und lernt fleißig. Sie will Sekretärin werden, sich die englische Sprache aneignen. Ihre Mutter und ihre beiden jüngeren Brüder hätten sie gern dabehalten, für die Hausarbeit. Neulich hat die Mutter noch einmal hier im Betreuungszentrum angerufen, aber das Mädchen weigerte sich, mit ihr zu sprechen. Manchmal verklagen uns Mütter, damit sie ihre Töchter wiederbekommen und erneut verkaufen können. Doch rechtlich haben wir kaum etwas zu befürchten: Eine Mutter, die ihr Kind verkauft, disqualifiziert sich selbst, und dank unserem Status dürfen wir die Kinder bei uns aufnehmen und gesetzlich vertreten.

Rückschläge

Im Jahr 2000 liefen die mit EU-Geld finanzierten ECHO-Förderprogramme aus und wurden nicht mehr neu aufgelegt. In Brüssel hatte sich einiges geändert: Die Leute, die sich früher um dringende Fälle kümmerten, seien durch reine Bürokraten ersetzt worden, hieß es, und alles gehe in einem Wust von Papieren unter.

Damals konnten wir uns im Betreuungszentrum vor Neuzugängen kaum retten, denn die Regierung hatte auf einmal beschlossen, die Stadt zu »säubern«. Auf einer Mitarbeiterversammlung überlegten wir, was zu tun sei. Da die finanzielle Unterstützung ausblieb, beschlossen wir einstimmig, unseren Lohn in einen Topf zu werfen, um die Mädchen ernähren zu können. Wir sahen keine andere Möglichkeit, die Arbeit der *Afesip* fortzusetzen. So ging das beinahe sechs Monate lang. Erst Anfang 2004 hatten wir wieder annähernd so viel Geld, wie wir benötigten, was wir hauptsächlich unseren spanischen Freunden zu verdanken haben.

Wir mussten uns neu organisieren, unsere Prioritäten überdenken. Für uns war es am wichtigsten, die Mädchen bei uns aufnehmen zu können und ihre Wiedereingliederung in die Gesellschaft voranzutreiben. Das Aufklärungsprojekt lief zwar sehr gut, doch die Leute zu uns einzuladen, für ihre Verpflegung zu sorgen, unsere Teams herumzuschicken, die Info-Mappen, Stifte und Kondome bereitzustellen, wegen der schadhaften Straßen notwendig werdende Autoreparaturen zu bezahlen – all das kostete eine Menge Geld, und so beschlossen wir, bessere Tage abzuwarten, bevor wir die Kurse fortsetzten.

Am Jahresende steckten wir noch immer in finanziellen Schwierigkeiten. Es hilft nichts, mit einer bestimmten Anzahl von Mädchen zu rechnen, die man aufnehmen kann – es kommen stets mehr als erwartet. Und man kann sie ja nicht vor die Tür setzen! Wir hatten überall Visitenkarten mit unserer Telefonnummer verteilt. Manche Mädchen kommen sogar mit dem Motorradtaxi, um den Sprung in die Freiheit zu schaffen.

Eines Tages tauchte ein Mädchen namens Mom bei uns auf. Man hatte sie halb tot geschlagen, sie blutete und hatte überall blaue Flecken. Es ging ihr schlecht, doch in die Klinik konnten wir sie auf keinen Fall bringen, denn von dort hätten die Zuhälter sie womöglich entführt. Also mussten wir sie vor Ort behandeln. Sie sollte sich ausruhen, wieder ein wenig zu Kräften kommen und das Gefühl haben, in Sicherheit zu sein. »Ich will hier sterben, schick mich nicht weg!« Mom ließ nicht zu, dass ich mich von ihr entfernte. Vielleicht hat sie Aids, dachte ich, und es ist Eile geboten. Also rief ich den Arzt an. Es war Sonntag. Niemand ging ans Telefon. Ich blieb die ganze Zeit bei ihr.

Am nächsten Tag sprachen wir miteinander. Sie war fünfzehn, sah aber eher aus wie dreizehn. Man hatte sie an ein Bordell verkauft, das der Militärpolizei gehörte und von einem Zuhälter betrieben wurde, der dafür bekannt war, bereits mehrere widerspenstige Mädchen getötet zu haben. Vier Monate lang wurde Mom dort festgehalten. Man schlug sie, kettete sie an und vergewaltigte sie immer wieder. Das Haus, das sich in Tuol Kork befand, stand auf Pfählen am Rand eines Tümpels, wie es bei kambodschanischen Häusern oft der Fall ist. Die Toilette ging direkt aufs Wasser hinaus. Eines Tages entdeckte Mom ein Loch im Fußboden, und sobald es Nacht geworden war, ließ sie sich durch die Öffnung ins Wasser gleiten, in dem allerlei Unrat trieb. Sie watete ans Ufer, ging zur Polizei und erzählte von den Misshandlungen. Die Polizisten nahmen eine Anzeige auf. Dann boten sie ihr an, sie auf dem Motorrad zu unserem Betreuungszentrum zu bringen, was sie nur zu gern annahm. Tatsächlich aber brachten sie sie zurück in das Bordell, aus dem sie geflohen war, und verkauften sie erneut!

Die Zuhälter schlugen sie grün und blau. Heute Abend werden sie mich endgültig umbringen, dachte sie. Also schlüpfte sie wieder durch die Öffnung, watete durch den Sumpf und schleppte sich ein Stück weiter oben auf die Straße, humpelte weiter, bis sie vor Erschöpfung beinahe zusammenbrach. Die ganze Nacht irrte sie umher, bis sie schließlich im Morgengrauen Leuten begegnete, die sie nach dem Weg zu uns fragte. Deshalb wollte sie um keinen Preis das Zentrum verlassen: Sie befürchtete, die Zuhälter und die Polizisten könnten das Viertel durchstreifen. Selbst das Krankenhaus flößte ihr kein Vertrauen ein. Sie wusste, dass jeder sie für eine Hand voll Dollar verkaufen konnte. Wir machten Fotos von ihr: Sie war von Kopf bis Fuß mit blauen Flecken übersät, ihr Gesicht war geschwollen ... Mom erzählte uns von einer Freundin, die gefesselt worden war. Da sie sich weigerte, Freier zu empfangen, und versucht hatte zu fliehen, fesselte man sie und fügte ihr Brandwunden zu. Die Polizei hatte vor einiger Zeit in der Nähe des Bordells die Leiche eines gefesselten Mädchens gefunden, die Brandspuren aufwies. Mom glaubte, ihr stehe das gleiche Schicksal bevor.

Sie blieb drei Jahre bei uns. Allmählich erholte sie sich. Heute ist sie verheiratet und hat zwei hübsche kleine Kinder. Ihre geschiedene Mutter war mit einem Mann weggegangen und hatte Mom bei der Großmutter zurückgelassen, die sie sogleich an ein Bordell verkaufte. Angeblich aus wirtschaftlicher Not. Was aber bedeutet das? Diese Berichte – und es sind unzählige – beweisen, dass die Familien in unserem Land zerrüttet sind. Können das noch immer die Folgen des schrecklichen Krieges und der politischen Wirren der letzten dreißig Jahre sein? Möglicherweise. Ich bin zu jung, um die alte kambodschanische Gesellschaft noch erlebt zu haben. Doch es fällt auf, dass die Kinder gerade von nahen Verwandten (es gibt viele Geschiedene und früh Verwitwete), von ihren Großeltern oder – seltener – von ihren eigenen Brüdern und Schwestern bis aufs Blut gehasst werden. Die Eltern streiten sich erbittert, und dann werden Eifersucht und Rachegefühle an den Schwächsten ausgelassen, den Kindern. Natürlich sind die finanziellen Mittel der meisten Familien unzureichend, so dass die infolge von Armut, Unsicherheit, Krankheit und Tod brüchig gewordenen Familienbande schon durch die Aussicht auf einen noch so geringen Verdienst vollends zerstört werden können. Ich will nichts entschuldigen, sondern versuche nur zu begreifen …

Manche Frauen entscheiden sich auch selbst für die Prostitution. Sie haben Kinder, ihr Mann ist auf Nimmerwiedersehen verschwunden, sie haben weder einen Beruf erlernt noch irgendwelche Ersparnisse, können weder lesen noch schreiben. Es gibt keine Arbeit für sie, aber die Kinder zu ernähren und zur Schule zu schicken kostet Geld. Diese Frauen haben keine andere Wahl. Sie haben nie eine Chance gehabt. Deshalb hören sie nicht auf, als Prostituierte zu arbeiten, auch wenn es sie anekelt.

Es gibt aber auch andere Fälle. Zum Beispiel den einer Frau, die schwanger war, als ihr Mann auf einmal schwer erkrankte. Sie brachte eine Tochter zur Welt und pflegte ihren Mann voller Hingabe. Keine zwei Jahre später war er tot. Sie hatte etwa zweihundert Dollar Schulden gemacht, um für seine medizinische Versorgung aufzukommen. Da sie das Geld nicht zurückzahlen konnte und überdies das Gefühl nicht loswurde, dass dieses Kind ihnen Unglück gebracht hatte – schließlich war ihr Mann genau in dem Augenblick erkrankt, als sie schwanger geworden war –, verkaufte sie ihr Töchterchen. Die Kleine kam in einer wohlhabenden Familie unter, die bereits eine kleine Tochter hatte. Es ging ihr gut dort, bis die Hausherrin eines Tages eine Wahrsagerin aufsuchte. Jeder in Kambodscha befragt Wahrsagerinnen und Astrologen; niemand würde irgendetwas entscheiden, ohne vorher einen entsprechenden Rat eingeholt zu haben. Die Wahrsagerin behauptete, die Adoptivtochter bringe der Mutter Unglück, und die einzige Möglichkeit, sich davor zu schützen, sei, ihr

Schmerzen zuzufügen, bevor sie selbst Böses anrichten könne. Als sie nach Hause kamen, quälten die Mutter und ihre zehnjährige leibliche Tochter das zwei Jahre alte Mädchen. Am Abend setzten sie es vor die Tür. Das Kind plärrte jämmerlich. Da übergossen sie es mit siedendem Wasser, und anschließend packte die Mutter es bei den Füßen und schleuderte es gegen eine Wand. Die Nachbarn griffen ein und brachten die Kleine in die von Ausländern geleitete Kinderklinik Kantha Bopha. Dort starb sie. Das Pflegepersonal benachrichtigte die Polizei. Als die Frau festgenommen wurde, erklärte sie, sie habe das Kind gekauft und könne mit ihm machen, was sie wolle. Da niemand Anzeige erstattete, wurde sie freigelassen. Schließlich wurden die Kinderhilfsorganisationen aufmerksam und erstatteten im Namen des verstorbenen Kindes Anzeige.

In unserem Land gibt es das geschriebene Gesetz, das alle Welt ignoriert, und das Gesetz des Geldes. Mit Geld kann man nicht nur Dinge kaufen, sondern auch Menschen. Und ein Richter, zumal, wenn er ebenfalls gekauft ist, kann diesen Handel durchaus gerichtlich genehmigen. Mit Geld ist alles möglich. Vielleicht war das früher einmal anders. Noch heute kann man auf den Feldern wunderbaren Menschen begegnen, die nicht zögern, ihre Mahlzeit mit einem zu teilen – kein Zweifel. Doch ich wurde nach den großen Umwälzungen geboren; als ich das Licht der Welt erblickte, sah ich überall Gewalt und Korruption. Wo sind die Khmer mit ihren großartigen Traditionen? Wo sind die Buddhisten mit ihrer von Entsagung geprägten Lebenseinstellung? Ich, die ich selbst Buddhistin bin – eine gewöhnliche Buddhistin –, schenke der Pagode Reis für die Ernährung von zwölf

Jugendlichen, die dort studieren. Doch auch diejenigen, die kleine Mädchen foltern, gehen in die Pagode. Sind sie Buddhisten oder Teufel? Genau diese Frage stellte ich dem Priester, der »meiner« Pagode vorsteht. Er antwortete: »Somaly, nach dreißig Jahren Krieg gibt es sogar Mönche, die Kinder vergewaltigen! Und es gibt welche, die gut sind, ohne zu wissen, dass sie es sind!«

2001 feierten wir den sechzigsten Geburtstag meines Adoptivvaters. In Kambodscha feiern nur reiche Leute Geburtstag, doch mit sechzig Jahren steht man an einem Scheideweg: Man hört auf zu arbeiten und erlangt Weisheit, wie ein Ahne. Wir hatten eine Überraschungsparty für ihn organisiert. An die fünfzig *Afesip*-Mitarbeiter waren gekommen, außerdem zwanzig seiner leiblichen und adoptierten Kinder – von denen einige beruflich sehr erfolgreich sind –, ihre Partnerinnen und Partner mit ihren Kindern, insgesamt über hundert Personen. Ich griff zum Mikrofon und erklärte, wir würden an diesem Tag unseren Wohltäter feiern, jemanden, der uns als arme, verlassene Kinder aufgenommen, uns Wärme und Liebe geschenkt habe. Mein Vater heulte Rotz und Wasser. Ich dankte ihm dafür, dass er uns Ehrgefühl eingeimpft und uns beigebracht hatte, dass man im Leben genau wissen muss, was man will, dass Geld nichts bedeutet, dass ein Dieb unsere gesamte Habe anzünden kann und wir trotzdem wieder auf die Beine kommen, wenn wir nur unser Herz und unseren Verstand einsetzen.

Ein paar Wochen zuvor hatte mein Vater ein achtzehn Monate altes Baby adoptieren wollen. Er erträgt es nicht, Kinder leiden zu sehen, vor allem nicht, wenn es

Waisen sind. Wir sagten zu ihm: »Papa, du spinnst! Du in deinem Alter willst ein Kleinkind adoptieren? Komm, da finden wir eine andere Lösung.« Unweigerlich empfindet er Mitleid, will die Not dieser armen, unschuldigen Wesen lindern. Die Dankbarkeit, die wir ihm gegenüber empfinden, ist grenzenlos.

Wir hatten ihm auch Geschenke mitgebracht, insbesondere eine große Truhe. Mein Vater fragte sich, was wohl darin sein möge. »Mach sie doch auf, dann wirst du es ja sehen.« Im Inneren der Truhe verbargen sich zwei Männer, Freunde meines Vaters, die er vor vielen Jahren aus den Augen verloren hatte und die ich nach monatelangen Nachforschungen wieder ausfindig gemacht hatte. Zwei Freunde, mit denen er gemeinsam von den Roten Khmer gefesselt und zum Hinrichtungsplatz geschleppt worden war. Alle drei waren im letzten Moment geflohen, hatten sich dann aber getrennt. Jeder war der Meinung, die beiden anderen seien später getötet worden. Als sie sich nun wiedersahen, glaubten sie, ihren Augen nicht trauen zu können, und weinten vor Freude. Für meinen Vater war dies wohl das schönste Geschenk.

Vor ein paar Monaten erfuhr ich, dass ein Kopfgeld auf mich ausgesetzt ist.

Sofort geriet ich in Panik und flüchtete mich ins *Royal*, ein großes Hotel im Stadtzentrum. Ich setzte mich an die Bar und kippte fünf, sechs Gläser Whisky in mich hinein. Als ich mich anschließend wieder ans Steuer setzte, stieß ich mit einem Motorrad zusammen. Der Motorradfahrer war blutüberströmt. Ich bekam schreckliche Angst und brachte ihn ins Krankenhaus.

Dem Pflegepersonal gab ich genug Geld, damit er gut versorgt wurde. Dazu muss man wissen, dass es in Kambodscha keine Versicherungen für Einzelpersonen gibt. Bei einem Unfall zwischen einem PKW und einem Motorrad ist hier automatisch der Autofahrer schuld. Derjenige, der reicher ist – oder das dickere Fahrzeug hat –, zahlt dem Ärmeren, Verletzlicheren eine Ausgleichsabgabe. Das ist ein ungeschriebenes Gesetz. Der Mann verlangte tausend Dollar von mir; normalerweise einigt man sich auf fünfhundert. Ich gab den Ärzten dreihundert Dollar und dem verletzten Fahrer dreitausend. Mit diesem Geld, so erklärte er mir, werde er in seinen Heimatort Prey Veng zurückgehen, ein Reisfeld kaufen und ein Geschäft aufziehen. Er war begeistert. Ein netter Kerl, und sein Motorrad schien ihm tatsächlich zu gehören, war offenbar nicht gestohlen. Dieser Unfall brachte mich völlig durcheinander. Es stimmte zwar: Der Mann war in verkehrter Richtung durch die Einbahnstraße gefahren, noch dazu ohne Licht. Doch warum war ich zu schnell gefahren? Warum hatte ich getrunken? Ich fühlte mich furchtbar schuldig.

Zwischen dem Wunsch nach Rache, dem Verlangen zu töten, um diejenigen zu bestrafen, die uns ausbeuten und der Realität befindet sich ein tiefer Graben, den ich glücklicherweise noch niemals übersprungen habe, obwohl ich oft genug versucht war, es zu tun. Vor geraumer Zeit wurde eines unserer Mädchen von Zuhältern entführt. Sie rissen ihm beinahe die Hand ab, als sie es in ihren Wagen zerrten. Das ist es, was mich in Rage bringt. Wäre ich vor Ort gewesen und hätte eine Waffe zur Hand gehabt – ich weiß nicht, was ich getan hätte. In unserer Gesellschaft regelt man Probleme auf diese Art, mit Gewalt. Es gibt kein Gesetz, keine Polizei, keine Institution, die dich kleinen Wurm beschützt. Wenn du stark bist oder mächtige Beschützer hast, lässt man dich in Ruhe; andernfalls bist du ein Nichts und wirst zertreten. Die Menschen im Westen können diese Logik nicht begreifen. Sie sagen, wir sollen Vertrauen in Organisationen haben, die nur auf dem Papier existieren. Ich weiß, sie haben Recht, man muss in die Zukunft blicken, eines Tages wird sich auch bei uns der Rechtsstaat, wie sie es nennen, durchgesetzt haben. Unsere Organisation will einen Beitrag dazu leisten. Einstweilen jedoch durchleben wir eine Phase des Übergangs zwischen dem Gesetz des Dschungels und dem Strafgesetzbuch. Diese Phase kann lange dauern, und wir sind gezwungen zu handeln, diese oder jene Haltung einzunehmen, wir, die wir ständig von den Reichen und Mächtigen bedroht sind.

Vergessen ist unmöglich

Zu meinen schlimmsten Erinnerungen zählen die Vergewaltigung durch den chinesischen Kaufmann und der Versuch des »Großvaters«, sich an mir zu vergehen. Dass ich geschlagen wurde, wiegt gar nicht so schwer. Dieser Schmerz ist im Grunde vergänglich. Schlimmer sind die Fußtritte, die man den Kindern versetzt. Der Fußtritt eines Erwachsenen kann ein Kind mehrere Meter weit durch die Luft schleudern. Als ich zum ersten Mal in das Bordell am Monivong Boulevard kam, gleich nachdem ich verkauft worden war, sagte man mir, ich käme zu einer »Tante«, es sei dort wie in einer Familie, ich bräuchte mir keine Sorgen zu machen. Abends befahl man mir dann, mich zu schminken, doch ich weigerte mich. Also wurde ich in einen großen Wasserbehälter gesteckt. Da es in Phnom Penh damals nur zeitweilig Wasser gab, legten sich die Leute einen durch Pumpen gespeisten Vorrat an. In dem Behälter musste ich also bleiben, während sich tagsüber das Wasser gewaltig aufheizte. Abends wurde ich dann von Kriegsversehrten vergewaltigt.

Wenn ich die Augen schließe, erlebe ich diese körperlichen Torturen erneut. Aber ich finde sie nicht so schlimm wie die seelischen Torturen, die ich heute erleide, etwa wenn man das Leben meiner Familie und meiner Mitarbeiter bedroht. Damals wurde ich geschlagen, man versetzte mir Fußtritte, Fausthiebe. Du willst sterben, hast aber nicht das Recht, tot zu sein. Du willst verschwinden, doch es geht nicht.

Was mir am meisten zusetzt, sind die Erinnerungen an die Vergewaltigungen und an den Geruch von Sperma. In den Bordellen werden die Matten nur selten ausgetauscht, sie sind voller Sperma. Es ist unerträglich. Auch heute noch habe ich den Geruch der Bordellzimmer in der Nase. Die Freier stanken, sie waren dreckig und duschten nicht. Ein Mann hatte einen üblen Atem, der von einer Entzündung herrührte. Bei uns gab es keine Zahnpasta, wir putzten uns die Zähne mit Kohle oder Sand. Manche Typen putzten sich nie die Zähne, so dass sie ganz gelb und verfault waren. Ich habe so lange inmitten dieser Gerüche gelebt, dass ich sie nicht mehr ertrage. Sogar fünfzehn Jahre danach fühle ich mich noch immer schmutzig. Manchmal wasche ich mich wie eine Verrückte, trage Cremes auf und sprühe mich mit Eau de Toilette ein, um den Spermageruch zu überdecken, der mich verfolgt. Zu Hause habe ich einen Wandschrank voller Parfums; ich gebe eine Menge Geld aus, um diese Gerüche zu überdecken, die vielleicht nur in meiner überspannten Vorstellung existieren, ich verjage sie mit den schweren Düften aus den Flacons.

Beinahe jede Nacht habe ich Albträume. Immer bin ich in Situationen, in denen das Leid unerträglich wird. Ich habe sogar schon versucht, diese schrecklichen Nächte mit Alkohol zu bekämpfen: mit einem schlechten Whisky, einer Mixtur, die in Singapur hergestellt wird und von der mir speiübel wird. Dann muss ich mich übergeben und reinige mich dadurch von allem, was mich belastet – anschließend ist für eine Weile Ruhe. Keine endgültige Lösung, aber es gibt Augenblicke, in denen man nicht mehr weiß, was man tun soll, um zu vergessen und die Vergangenheit zu begraben.

Seit ich an diesem Buch schreibe, kann ich nicht mehr schlafen, die Erinnerungen an die schrecklichen Erlebnisse machen mich krank. Ich weiß nicht, ob ich das mein ganzes Leben lang aushalten kann. Es gibt Augenblicke, in denen ich mich dieser erdrückenden Erinnerungen gern entledigen würde – dieser Erinnerungen, die mich die Leiden der Vergangenheit immer wieder aufs Neue spüren lassen und die mich dazu bringen, zwanghaft zu duschen und mich einzuseifen, duftende Cremes aufzutragen und mich in Parfumwolken zu hüllen. Was ist das nur für ein Leben? Ständig heule ich – kann ich denn nichts anderes tun? Wer hat mehr Glück: meine Freundinnen, die gestorben und nun endlich befreit sind, oder ich, die ich mit diesem Gewirr von Erinnerungen leben muss, die in meinem Kopf herumspuken und mich überallhin verfolgen? Ich würde auch gern ein glückliches Leben führen, doch die Probleme existieren eben, sie rufen nach uns, sie nehmen unsere ganze Energie in Anspruch – und sogar unsere Verzweiflung. Man soll die Vergangenheit ruhen lassen, heißt es – und genau das sage ich auch den Mädchen, die mit ihren schrecklichen Erfahrungen zu uns ins Betreuungszentrum kommen, immer und immer wieder.

Ich kann selbst so reden, weiß aber auch, dass es nichts bringt, dass mir das nicht hilft, dass meine alten

Wunden nie verheilen werden. Wenn ich meinem Mann oder meinen Freunden anvertraue, dass ich mich schmutzig fühle, sagen sie, für sie sei ich nicht schmutzig. Solche Gespräche trösten mich nicht. Wem könnte ich erklären, wie es ist, sich auf diese Weise schmutzig zu fühlen, und wer könnte es verstehen, außer den Mädchen, die dasselbe durchgemacht haben, was ich durchgemacht habe?

Oft bitten mich Leute um Rat, auch die Ehefrauen wichtiger Persönlichkeiten rufen mich an, damit ich ihnen Trost spende. Ich habe Talent dazu, und manchmal nutzen meine Ratschläge den Menschen. Doch wenn sie aufgelegt haben, bleibe ich allein mit dem, was sie mir anvertraut haben, und muss damit fertig werden. Wer aber gibt mir Ratschläge, die mir tatsächlich weiterhelfen?

Am schlimmsten für mich sind gewisse Journalisten, die eine »heiße Story« schreiben wollen, damit dem Zuschauer oder Leser förmlich das Wasser im Mund zusammenläuft. Sie bitten mich, ihnen meine Geschichte zu erzählen, ansonsten, so behaupten sie, könne man die Arbeit unserer Organisation nicht verstehen. Genau deshalb schreibe ich dieses Buch: um nicht immer wieder meine Geschichte erzählen zu müssen. Denn diese ewigen Wiederholungen bleiben nicht ohne Folgen für mich.

Oft wollen die Journalisten, dass ich mir die Geschichte eines Mädchens erzählen lasse und sie dann übersetze. Doch Vertrauen entsteht erst dann, wenn wir zu einer Art gemeinsamem Empfinden gelangen. Ich muss das Mädchen bei der Hand nehmen, und wir müssen einander so nahe sein, dass wir gegenseitig unsere Gefühle spüren. Wenn sie weint, weine auch ich. Wenn sie schreit, schreie ich ebenfalls. Wenn sie zittert, zittere auch ich. Doch kaum ist der Film im Kasten, reist der Journalist ab und kehrt ohne große Umstände in sein normales Leben zurück. Ich dagegen bin ganz niedergeschmettert, weil ich eine schreckliche Erfahrung mit jemandem geteilt habe, eine Erfahrung, die auch ich gemacht habe, die mir unter die Haut geht, mich innerlich aushöhlt, vollkommen auslaugt und erschöpft. Das kann ich nicht ständig tun. Ich weiß nicht, ob Journalisten das begreifen. Einige benehmen sich wie Aasgeier, und ich bin dann eben das Aas, das sie fressen, um die Zuschauer bei Laune zu halten. Wenn es mir nachher schlecht geht, bekommt es nur mein Mann zu spüren.

Gestern Abend, als ich meine schlafenden Kinder betrachtete, sagte ich mir: »Du spinnst. Du hast wunderbare Kinder, die friedlich schlafen. Doch sie sind in Gefahr. Ich selbst bin in Gefahr. Genau wie meine Ehe. Das ist unverzeihlich. Wer bin ich, dass ich ein derartiges Leben führe? Habe ich das Recht dazu? Die Pflicht? Das Böse, das ich erlebt habe, gibt mir die Kraft und den Antrieb, dieses Leben zu führen. Kann ich es denn nicht auf irgendeine andere Art und Weise verarbeiten?«

Büroarbeit und Papierkram sind nicht gerade meine Stärken. Was mir liegt, ist vielmehr, mit den Opfern zu reden. Oft wollen die Neuankömmlinge nicht bleiben. Das ist normal, sie kennen das Zentrum und unsere Hilfsorganisation nicht und fragen sich, was sie hier sollen. Ich nehme sie beiseite und rede zehn Minuten mit ihnen, bis sie schließlich begreifen, warum es gut für sie ist, bei der *Afesip* zu sein. Und dann willigen sie ein, so lange zu bleiben, wie es nötig ist. Unsere Psychologen kommen aus dem Staunen nicht heraus. Sie bräuchten Stunden, um die Mädchen zu überzeugen – und auch das unter größten Schwierigkeiten. Ich aber bin aus demselben Holz geschnitzt wie die Opfer: Wir haben dieselben schrecklichen, beinahe unaussprechlichen Erfahrungen gemacht. Ich spüre es, und sie spüren es ebenfalls. Es funktioniert über Blicke, über Gesten. Ich rede so mit ihnen, wie ich es mir gewünscht hätte, als ich in ihrer Situation war. Meist entwickeln wir auf der Stelle tiefes Verständnis füreinander.

Über zwanzig ehemalige Opfer arbeiten für unsere Organisation, doch nicht alle sind in der Lage, Vertrauen zu anderen aufzubauen. Dass ich es kann, verdanke ich nicht zuletzt meinem Mann, denn er hat diese Kraft in mir geweckt. Auch dass ich so großes Selbstvertrauen besitze, ist weitgehend sein Verdienst. Er hat die Rolle eines Vaters gespielt, was eigentlich überhaupt nicht zu ihm passt, doch wie hätte es anders gehen sollen? Als ich ihn kennen lernte, war ich wie eine Autistin gleichsam in mir selbst eingeschlossen. Er hielt mir geduldig die Hand hin, und schließlich kam ich aus meiner lächerlichen Festung herausgekrabbelt.

Niemals habe ich meinen Adoptiveltern irgendetwas von alldem erzählt. Nicht einmal, dass ich von dem chinesischen Kaufmann vergewaltigt worden war. Dieser Mann war im ganzen Dorf hoch angesehen und spendierte zum Beweis seiner Großzügigkeit bei gemeinsamen Festen das Essen. Jedes Mal, wenn ich meine Familie besuchte, statteten wir ihm einen Besuch ab. Mir war die ganze Zeit übel, doch nie im Leben hätte ich die Gefühle meiner Eltern verletzen oder ihren gesellschaftlichen Beziehungen schaden wollen. Ich durfte mich nicht auf diese Weise in ihr Leben einmischen. Wenn ein

Mädchen vergewaltigt wird, so ist das in den Augen der Öffentlichkeit seine eigene Schuld. Natürlich wissen meine Eltern heute Bescheid, sie haben begriffen, was vorgefallen ist, doch noch immer reden wir nicht darüber. Es ist unmöglich, denn die Schuldfrage würde unweigerlich zur Sprache kommen, und das würde alle belasten. Am besten ist es wohl, im richtigen Augenblick den Mund zu halten.

Als ich meinem Vater von meinem Plan erzählte, ein Buch zu schreiben, riet er mir davon ab. »Wenn du dieses Buch schreibst«, sagte er, »wird dich dein Land verstoßen. Man wird dich wie eine Aussätzige behandeln. Du wirst deine Ehre einbüßen. Schreib es nicht!« Er hat mich nicht überzeugen können. Ich gehe das Risiko ein. Die Chancen, dass ich diese Ablehnung überwinde, meine Botschaft übermitteln kann und das Verständnis meiner Landsleute gewinne, stehen eins zu eins. Die Sache ist einfach zu wichtig, als dass ich es nicht versuchen müsste. Wir leben in einer Gesellschaft, die alle ihre Probleme unter den Teppich kehrt. Was ist unter den Roten Khmer passiert? Wir wissen es nicht, unsere Eltern kriegen die Zähne nicht auseinander, weil sie glauben, wenn sie reden, würden sie uns wehtun. Es ist wie eine Mauer. Und ich bin die Einzige, die versucht, sie einzureißen.

Ich weiß nicht genau, wer ich bin. Heute fühle ich mich zur Hälfte als Kambodschanerin, zur Hälfte als Französin. Es geht mir viel besser so. Ich bin in der Lage, das Wort zu ergreifen und mit Menschen zu kommunizieren, was früher unmöglich gewesen wäre. Früher habe ich mir von allen Befehle erteilen lassen. Damit ist es vorbei, Befehle nehme ich von niemandem mehr entgegen. Wenn man mir sagt, ich soll den Mund halten, weigere ich mich. Wenn man mir Vorschläge zur Verbesserung der Lebenssituation von Frauen macht, kann es sein, dass ich nach einigem Nachdenken zustimme.

Wenn ich Bücher über ähnliche Schicksale lese, habe ich immer den Eindruck, hier sprechen nicht die Opfer. Die einzige Ausnahme scheint mir *Nicht ohne meine Tochter* zu sein. Ich habe das Buch fünfmal gelesen.

Eines Tages lernte ich in einem Dorf einen älteren Intellektuellen kennen, der alle Ereignisse, die dieses Land erschüttert haben, selbst miterlebt hat. Er erklärte uns, alle bisherigen Regierungen seien korrupt gewesen, keine habe etwas getaugt.

»Ich bin jetzt sechzig, also in einem Alter, in dem die Menschen sich aus dem aktiven Leben zurückziehen, ihr Wissen und ihre Erfahrung an die junge Generation weitergeben und über die Eitelkeiten dieser Welt meditieren. Ich habe alles gesehen, alles erlebt und bin zu dem Schluss gekommen, dass nichts davon einen Sinn hat. Wenn man jung ist so wie du, lässt man sich begeistern und möchte eine Menge Dinge in Angriff nehmen. Vergebens! Jetzt kümmere ich mich um meinen Garten, und das scheint mir eine wesentlich ernsthaftere Beschäftigung zu sein als all die nutzlosen Aktivitäten in der großen Stadt. Ich habe mein ganzes Leben lang gekämpft – für nichts. Vor meinem Tod möchte ich meine Ruhe haben, die Stille und den sich neigenden Tag genießen.«

Seine Worte entmutigten mich vollkommen.

»Somaly«, sagte er, »hör auf zu kämpfen! Bleib ruhig. Die ausländischen Machthaber wissen ganz genau, was hier im Land passiert. Sie verschließen die Augen davor und geben der Regierung Geld. Und was macht Frankreich? Auch Frankreich verschließt die Augen und verkauft Waffen – so ist das! Und so armselig ist heute unser Land, unsere Kultur.«

In seinen Worten hallte die Regierungszeit Pol Pots wider. Darüber hinaus fällt im Gespräch mit der Generation meiner Eltern, die nicht die Möglichkeit hatte, sich weiterzubilden, auf, dass einige von ihnen noch die Vorgehensweise der Roten Khmer befürworten – erst einmal Tabula rasa machen und dann bei null völlig neu anfangen. Wenn man sieht, wie in unserem Land alle Gesellschaftsschichten vom Virus der Korruption befallen sind, kann man Verständnis für diese Haltung entwickeln, auch wenn man sie nicht gutheißt.

Manchmal reizt mich der Gedanke, meine Arbeit niederzulegen und mich gänzlich in die Schlichtheit des täglichen Lebens und der Meditation zurückzuziehen. Ich habe ein Stück Land in meiner alten Heimat gekauft. Dort könnte ich ein hübsches kleines Häuschen bauen lassen, um fortan zurückgezogen zu leben ... Ein Traum, keine Frage. Noch ist es nicht an der Zeit, sich ernsthaft darüber Gedanken zu machen!

Wenn ich Schläge einstecken muss, gerate ich manchmal in Wut. Dann raste ich aus, steigere mich in Dinge hinein, koche innerlich. Doch in solchen Momenten fälle ich keine Entscheidungen. Ich ziehe mich in eine Ecke zurück, nehme ein Blatt Papier zur Hand und beginne zu schreiben. Ich liste alles auf, schwarz auf weiß. Anschließend versuche ich ein wenig zu schlafen. Am nächsten Tag lese ich die Liste durch und werfe sie dann weg. Danach fühle ich mich besser – stärker, hellsichtiger. Doch diese Augenblicke sind sehr schwer für mich. Der bohrende Schmerz der Vergangenheit ist ständig spürbar. Ich brauche eine Mutter, das erkenne ich nur zu deutlich. Auch heute noch möchte ich, dass sie mich in den Arm nimmt. Wie habe ich es nur geschafft, fünfunddreißig Jahre ohne eine Mutter zu überleben?

Vor ein paar Jahren besuchte ich meine Freundin Renée in Marseille. Ich war völlig erschöpft von der tagelangen Reise und meiner aufreibenden Arbeit. Wir fuhren zu ihr nach Hause, wo sie mir etwas zu essen kochte und mich anschließend ins Bett brachte. Sie deckte mich zu und gab mir einen Gutenachtkuss. Das brachte mich derart aus der Fassung, dass ich die ganze Nacht heulte. An Schlaf war nicht zu denken ... Im Grunde hatte ich keine Kindheit. Deshalb fühle ich mich wohl heute noch wie ein Kind. Mit zehn Jahren musste ich schon arbeiten. Ich musste viel Verantwortung tragen – genau das Gegenteil von kindlicher Sorglosigkeit. Ich hatte keine Zeit zum Spielen. Ich habe nie gespielt. Zu Hause, bei meiner Adoptivfamilie, hatten wir nicht einmal Geld für Lampenöl oder Kerzen. Ich wartete, bis der Mond hell genug schien, um dann draußen zu lesen und meine Aufgaben zu machen. Alles musste ich mir allein beibringen, auch Französisch. Ich wäre gern zur Schule gegangen wie alle anderen; noch heute hätte ich Lust dazu. Meine Arbeit hindert mich daran, doch wenn ich ab und zu ein wenig Freizeit habe, hole ich meine Bücher hervor. Zurzeit lerne ich Englisch. Demnächst will ich mit Spanisch beginnen. Ich lerne so gern, in mir hat sich ein unheimlicher Frust angestaut.

In unserem Dorf, in der Nähe von Kompong Cham, praktizierte 1982 oder 1983 eine Kartenleserin, Madame Heng. Jeder glaubte ihr, denn ihre Weissagungen trafen immer ein. Eines Tages brachte meine Adoptivmutter meine Schwestern und mich zu ihr, weil sie wissen wollte, was die Zukunft für uns bereithielt. Die Seherin legte die Karten, schaute mich an und sagte, ich würde eines Tages große Bedeutung erlangen und zu Geld kommen, so dass ich meiner ganzen Familie helfen könne. Sie sagte außerdem voraus, dass ich einen *barang* heiraten würde, einen Weißen, das heißt: einen Franzosen, und mit dem Flugzeug reisen würde. Macht, Geld und Ruhm – all das wäre mein. Unglaubliche Weissagungen, wenn man sich die schäbige Baracke vor Augen hielt, in der meine Familie unter ärmlichsten Bedingungen hauste. Laut lachend zogen meine Geschwister von dannen. Sie machten sich über mich lustig. Wie sollte dieses hässliche schwarze Tierchen sein Sklavendasein hinter sich lassen, um eine derart strahlende Existenz zu führen? Die Seherin weissagte außerdem, dass meiner Schwester, der Hübschesten von uns allen, ein unglückliches Leben bevorstünde. Wir dachten aber, dass sie, schön wie sie war, viele Heiratsanträge bekommen würde, während mich graue Maus sicherlich niemand haben wollte. Wir kannten das Märchen vom Aschenputtel nicht!

Kurze Zeit später wurde ich von dem Chinesen vergewaltigt. Ich ging zu dieser alten, ehrwürdigen Frau und schrie sie an, sie habe lauter Lügen erzählt, sie müsse verrückt sein.

Unser Kampf gegen die Rechtlosigkeit

UNSERE ORGANISATION IST IM LAUFE der Jahre stark gewachsen, und ihr Aktionsradius hat sich erweitert: Inzwischen sind wir auch in Vietnam und Thailand tätig. In beiden Ländern habe ich Teams aufgebaut, deren Arbeit unsere hier in Kambodscha ergänzt. Damit dies möglich ist, musste ein Dialog mit den örtlichen Behörden aufgenommen werden. Außerdem bin ich Mitglied der Vereinigung kambodschanischer Frauen, die wiederum zur Frauenunion der ASEAN gehört *(Association of South-East Asian Nations)*. In den kommunistischen Ländern sind wir vor allem auf die der Frauenunion angeschlossenen Organisationen angewiesen, in den anderen Ländern auf einzelne Frauen, die dort großen Einfluss haben. In Vietnam erhielt ich Hilfe und Unterstützung von einer Angehörigen der vietnamesischen Frauenunion, die den Rang einer Ministerin bekleidet.

Nachdem wir die nötigen Genehmigungen eingeholt hatten, gründeten wir 2002 die *Afesip Vietnam* und die *Afesip Thailand*. Warum diese beiden Länder? Weil der Menschenhandel natürlich nicht auf Kambodscha begrenzt ist. Die Mädchen kommen für eine gewisse Zeit zu uns, dann werden sie weitergeschickt, woandershin verkauft. Es gibt auch welche, die aus eigenem Antrieb nach Kambodscha kommen, um sich zu prostituieren; später kaufen sie Pässe und gehen nach Thailand, Taiwan, Malaysia, Frankreich, überallhin. Viele reisen über Bangkok nach Europa. Sie stammen aus allen möglichen asiatischen Ländern.

Bei uns leben viele Vietnamesinnen, und die *Afesip* versucht, ihnen bei der Rückkehr in ihr Heimatland behilflich zu sein, sofern sie dies wünschen. Einige von ihnen kommen jedoch schon nach wenigen Monaten zurück, um wieder im Bordell zu arbeiten. Das muss man verstehen, die wirtschaftliche Not zwingt sie dazu. Manchmal werden Mädchen von ihren Müttern an einen Zuhälterring verkauft, aber manchmal wollen sie auch selbst in diesem Beruf arbeiten; nicht immer wissen sie genau, was sie erwartet. Wenn man sie nach Hause zurückschickt, ohne ihnen Wege zu eröffnen, wie sie ihr Überleben sichern können, ist es kein Wunder, dass sie wieder damit anfangen. Tatsache ist, dass sie weniger verdienen, wenn sie in ihrem Heimatland bleiben. Die Männer hier bevorzugen Mädchen mit weißer Haut, was den Vietnamesinnen einen eindeutigen Marktvorteil verschafft. Die Weißen im Land schätzen sie ebenfalls, so dass sie doppelt gute Chancen haben. Früher schickte man diese Mädchen wieder nach Hause, ohne sich darum zu kümmern, was jenseits der Grenze mit ihnen passierte. Viele von ihnen wurden von den örtlichen Behörden in »Umerziehungslager« gesteckt; heutzutage scheinen sich solche Lager allerdings nicht mehr zu rentieren! Unser Ziel ist es, allen Opfern zu helfen, egal, welche Hautfarbe sie haben oder aus welchem

Land sie stammen. Dazu ist es notwendig, ihnen zu wirtschaftlicher Unabhängigkeit zu verhelfen und sie psychologisch zu betreuen. Man muss also in ihrem Heimatland Strukturen aufbauen, die es ihnen erleichtern, sich dort wieder einzuleben. Von einer Berufsausbildung in Kambodscha hätten sie nichts, denn in ihrem eigenen Land gibt es andere Bedürfnisse, eine andere Gesellschaftsstruktur. Die *Afesip Vietnam* betätigt sich auf genau die gleiche Art und Weise wie die *Afesip Kambodscha*, nur sind die Aktivitäten eben auf die Gegebenheiten in Vietnam zugeschnitten.

In Thailand wiederum gibt es einen riesigen Markt für Prostituierte, und so gelangen auch viele Mädchen aus Kambodscha und Vietnam dorthin. Unsere Teams statten Gefängnissen und Bordellen Kontrollbesuche ab und kümmern sich um Mädchen, die wieder in ihr Heimatland zurückkehren möchten. Da es in Thailand auch viele Prostituierte aus Laos (und noch mehr aus Birma) gibt, haben wir beschlossen, dort ebenfalls ein Zentrum zu eröffnen. Wir erwarten täglich die Genehmigung der Behörden. Mit Birma sind wir noch nicht so weit. Dort haben wir es schwer, zumindest im Augenblick; Hilfsorganisationen sind nicht gern gesehen. Sobald sich uns jedoch eine Möglichkeit zur Eröffnung eines Betreuungszentrums bietet, werden wir es tun. In Siem Reap, in der Nähe der Tempel von Angkor Wat, gibt es ein Bordell mit Koreanerinnen, Rumäninnen und vor allem Moldawierinnen. Die asiatische Kundschaft legt für diese Form der Exotik eine Menge Geld hin.

Wir versuchen herauszufinden, über welche Kanäle die Mädchen ins Land gelangen, aber das ist nicht leicht, weil eine rege Fluktuation herrscht. Als wir um ein

Gespräch bei der EU in Brüssel baten, zeigte sich, dass es nur zwei Beamte gibt, die für diese Fragen zuständig sind.

2002 reiste ich nach Frankreich, um neue Sponsoren anzuwerben. Wir brauchen Spendengelder, es gibt so viel zu tun! Ich war gerade bei Luc und Marie in Nantes, wo mir der *Prix de la Solidarité* verliehen worden war, und erklärte ihnen, was wir vorhaben, als ich einen Anruf aus Kambodscha erhielt. Die vierzehn Vietnamesinnen, die wir aus einem Bordell befreit hatten, waren verhaftet worden. Wenn man nur über genügend Geld und über gute Beziehungen verfügt, kann man sich jederzeit freikaufen. Alle Beweismittel – Waffen, Geld – aus dem Bordell, in dem wir die unter fünfzehnjährigen Mädchen gefunden hatten, waren verschwunden. Und nun stellten die Richter, angestachelt von den Zuhältern, auf einmal fest, dass die Mädchen, die bei der *Afesip* Zuflucht gefunden hatten, »illegal ins Land gekommen« seien, weshalb man sie schleunigst einsperren müsse! Ich tobte vor Wut, war aber so weit weg ... Nach der Festnahme hatte Pierre eine Pressekonferenz einberufen. Ich kontaktierte alle möglichen Leute in Frankreich und schilderte ihnen, was da in Kambodscha passierte, in diesem netten kleinen Land, das für sein Lächeln berühmt ist – doch was für ein Lächeln soll das sein?

Nach meiner Rückkehr beantragten wir eine Genehmigung, die Mädchen im Gefängnis besuchen zu dürfen. Einige von ihnen waren bereits verschwunden; die Zuhälter hatten sie wieder ins Bordell gebracht. Die anderen blieben mehrere Monate in Haft. Bei ihrer Entlassung waren zwei von ihnen schwanger! Ich konnte nicht mehr. Laut Gesetz waren diese jungen Mädchen Opfer von Menschenhändlern, die bestraft gehören. Ihre Inhaftierung entbehrte jeglicher gesetzlichen Grundlage. Zu allem Überfluss wurden sie auch noch bedroht. Die Zuhälter ließen ihnen folgende Botschaft zukommen: »Wenn ihr der Polizei etwas sagt, bringen wir eure Verwandten in Vietnam um.« Dass sie minderjährig waren und man sie verkauft hatte, verschwiegen die Mädchen. Sogar die Polizisten hatten genug von dem Ganzen. Sie erzählten uns, sie hätten einige Risiken auf sich genommen, um die Mädchen aus dem Gefängnis zu befreien, fühlten sich jetzt aber noch mehr bedroht als vorher.

Wir hatten auch den Fall der jungen Vietnamesin Loan, die nach Macao gebracht worden war, um dort als Prostituierte zu arbeiten. Als die Zuhälter Probleme in Macao bekamen, schickten sie sie mit falschen Papieren, die leicht zu beschaffen sind, nach Kambodscha. Schließlich landete Loan bei uns. Wir erstatteten in ihrem Namen Anzeige. Bei einer Hausdurchsuchung fand die Polizei Waffen, Drogen und ein Dutzend Minderjährige. M. M., der Betreiber des Bordells, wurde festgenommen. Nach einigen Tagen ließ man ihn wieder frei, und die Drogen, die in der Polizeistation aufbewahrt worden waren, hatten sich in ordinäres Mehl verwandelt ... Loan jedoch wurde wegen illegaler Einreise angezeigt. Wir überlegten fieberhaft, wie wir sie vor einer Gefängnisstrafe bewahren könnten. Zwar hatten wir Anwälte, doch wir konnten und wollten die Richter nicht bestechen. Außerdem wären uns die Menschenhändler finanziell ohnehin überlegen gewesen. Daher beschlossen wir,

Loan nach Vietnam zurückzubringen. Um Mitternacht machten wir uns auf den Weg, doch wir mussten den Mekong überqueren, und die Fähre bei Neak Luong verkehrt nur tagsüber. Im Morgengrauen, ganz zerstochen von den Mücken, konnten wir sie endlich über die Grenze begleiten.

Ein anderes Mal mussten wir mit einer Vietnamesin vor Gericht erscheinen. Als wir eintrafen, stand bereits der protzige Schlitten der Zuhälter vor dem Gerichtsgebäude. Sie entrissen uns das Mädchen und stießen es in den Wagen. Die Wachen vor dem Gerichtsgebäude ließen sie gewähren; angeblich waren die Zuhälter Verwandte des Mädchens, die sie abholen wollten. Wir wussten, dass dies eine dreiste Lüge war, doch wer hätte uns helfen können? Als wir kurz zuvor das Betreuungszentrum mit der jungen Vietnamesin verlassen hatten, hatte sie erst nicht mitkommen wollen. Wir hatten versucht, sie zu beruhigen: »Wir sind ja bei dir, mach dir keine Sorgen.« Das war eine bittere Lektion! Zwei Tage lang heulte ich beinahe ununterbrochen, vor Wut über unsere Ohnmacht angesichts dieser Ungerechtigkeit. Den Blick des Mädchens, als es in den Wagen gestoßen wurde, werde ich nie vergessen. Es war eine stumme Anklage, denn wir hatten ihr Vertrauen enttäuscht, uns als zu schwach erwiesen, diese Entführung zu verhindern, die in aller Öffentlichkeit und mit Billigung der Justiz geschah. Wir haben nie wieder etwas von Loan gehört, sie ist verschwunden, wahrscheinlich haben ihre Henker sie getötet.

Seit Gründung der *Afesip* haben wir schätzungsweise zweitausend Fälle vor Gericht gebracht. In ungefähr fünf Prozent der Fälle haben wir gewonnen, vor allem in letzter Zeit, denn inzwischen kennen wir uns besser aus. Doch nie werden die Täter zu mehr als sechs Monaten Gefängnis verurteilt. Das ist besonders hart für uns.

Einmal wurde ein siebenjähriges Mädchen zu uns gebracht, an dessen Schicksal ich mich genau erinnere. Eines Tages, als ihre Eltern nicht da waren, lief sie auf die Straße und wurde von sechs oder sieben Typen aufgegabelt, die um die fünfzig Jahre alt waren und zu viel getrunken hatten. Sie schleppten sie in ein Haus, wo sie sie abwechselnd vergewaltigten. Da sie zu eng war, schlitzten sie ihr die Vagina mit dem Messer auf ... Ich brachte das Mädchen sofort ins Krankenhaus, wo man sie medizinisch versorgte und ihre Wunden nähte. Ganz allmählich erholte sich die Kleine. Dann fand der Prozess statt; da ihre Eltern arm waren, erhoben wir in ihrem Namen Anklage. Ich ging nicht zur Verhandlung, es hätte meine Kräfte überstiegen. Wer weiß, was ich diesen Verbrechern angetan hätte. Ein Mitglied unserer Organisation begleitete das Mädchen ins Gericht. Die Vergewaltiger gebärdeten sich wie verrückt. »Hier wird das Pferd beim Schwanz aufgezäumt!«, riefen sie dem Richter zu, den sie mit einer fetten Summe bestochen hatten. Es sei alles die Schuld des Mädchens gewesen; sie habe einen zu kurzen Rock getragen. Außerdem sei sie ja noch jung und könne ihr Leben von vorn beginnen. Der Richter befand, Männer in einem derart ehrenwerten Alter könne man unmöglich bestrafen. Sie wurden freigesprochen und zogen lachend von dannen.

Das arme Mädchen begriff überhaupt nicht, was da vor sich ging. Später sagte sie zu mir: »Mama, ich will nicht mehr zum Gericht, ich will nicht mehr hören, was dort gesagt wird, ich will nicht mehr, verstehst du?« Wir behielten sie bei uns. Seit drei, vier Jahren lebt sie nun schon im Betreuungszentrum. Sie geht zur Schule. Wir haben ihr eine Augenoperation gegen das Schielen bezahlt, und nun trägt sie eine dunkle Brille. Immer noch sagt sie manchmal, sie wolle nicht mehr zum Gericht …

Nach diesem skandalösen Urteil machte ich einen Riesenaufstand. Ich wandte mich an einen engen Berater des Premierministers, der mir bereits mehrfach geholfen hatte, und erzählte ihm, was diesem Mädchen passiert war. Ich wollte von ihm wissen, wie eine derartige Rechtsverdrehung möglich sei. Er nahm die Angelegenheit in die Hand, und das Verfahren wurde neu aufgerollt, doch bis heute haben wir keinerlei Entschädigung erhalten. Man kann nicht jedes Mal, wenn man einen Prozess verliert, im Ministerium anrufen, denn so etwas geschieht mehrmals im Monat. In besonders eklatanten Fällen können Politiker die Maschinerie der Justiz erneut in Gang bringen, doch selbst dann sind die Ergebnisse häufig unbefriedigend.

Ich erinnere mich auch an ein Mädchen aus der Provinz, das Komsat hieß – auf Khmer bedeutet das »kein Glück«. Ihre Eltern waren gestorben, und so lebte sie bei ihrer Schwester. Eines Tages wurde sie von vierzehn Jugendlichen in ihrem Alter vergewaltigt. Vor Gericht behaupteten diese später, das Mädchen bezahlt zu haben. Tatsache ist: Als sie von ihr abgelassen hatten, lag das Mädchen bewusstlos am Boden, und sie warfen ein paar Geldscheine auf ihren Körper. Die jungen Männer hatten den Richter im Vorfeld des Prozesses bestochen und verließen das Gericht als freie Menschen.

Wie ist so etwas möglich? Diese Frage quält mich ständig. Alle sagen: Reg dich nicht auf, überlass das der

Justiz. Doch wie kann man zulassen, dass die Justiz so handelt? Unsere Organisation wurde ins Leben gerufen, um hier Abhilfe zu schaffen – aber gelingt uns das? Einmal war ich wirklich am Ende. Wir bauten gerade ein weiteres Haus, und ganz allein machte ich mich daran, drei Lastwagen mit Schotter abzuladen, um mich abzureagieren. Ich war schwanger, und dabei verlor ich mein Kind. Es gibt Augenblicke, in denen ich Lust habe, das Handtuch zu werfen, nicht länger gegen das organisierte Verbrechen zu kämpfen, gegen die Zuhälterringe, die Korruption, die Gleichgültigkeit. Manchmal wird mir alles zu viel. Dann weine ich. Weinen tut gut. Vor allem, wenn sich in mir das Gefühl breit macht, in diesem Universum skrupelloser Menschen ganz allein dazustehen, schwach und wehrlos. Ich bin keine Maschine, in die man nur ein wenig Treibstoff einfüllen muss, und schon setzt sie sich in Bewegung. Ich bin ein Wesen aus Fleisch und Blut und habe noch dazu ein Herz ... Während der vergangenen acht Jahre habe ich die *Afesip* aufgebaut, doch es war eine höllische Zeit. Es gelingt mir nicht, auf Distanz zu den Schicksalen der Mädchen zu gehen, und ich kann auch nicht anders, als ständig an mein eigenes Schicksal zu denken. Wir tragen dieselben Male. Ich teile ihr Martyrium, durchlebe die entsetzlichen Qualen, die sie erlitten haben, mit ihnen. Und es fällt mir äußerst schwer, nicht jeden Mann, der mir über den Weg läuft, für ihr Leid verantwortlich zu machen. Manchmal wird Pierre zum Opfer meiner Launen, meiner Klagen und Wutanfälle. Ich schulde ihm sehr viel, weil er mir in den Krisensituationen beisteht, in die ich durch die Mädchen, die wir bei uns aufnehmen, immer wieder gerate.

In Kambodscha haben wir fünf Betreuungszentren: Zwei dienen der beruflichen Ausbildung, eines ist für Mädchen unter fünfzehn Jahren bestimmt, ein anderes für die Rückführung der Betroffenen in ihre Heimatländer, insbesondere nach Vietnam. Unterstützt von einem vietnamesischsprachigen Team können die Mädchen dort so lange bleiben, bis ihre Behördenangelegenheiten geregelt sind. Außerdem gibt es noch ein Zentrum für kurzfristige Aufenthalte, dem eine Klinik angeschlossen ist. Die Mädchen kommen entweder von selbst in die Betreuungszentren, oder die Polizei bringt sie zu uns. Vom ersten Moment an benötigen sie psychologische Hilfe, denn sie haben Schlimmes durchgemacht, egal, aus welchem Grund sie Prostituierte wurden.

Da wir alle Bereiche abdecken wollen, gibt es bei uns auch Sozialarbeiterinnen. Viele von ihnen sind ehemalige Opfer, die wir entsprechend ausgebildet haben. Sie suchen die Bordelle auf, reden mit den Mädchen, machen auf Minderjährige aufmerksam, auf sanitäre Probleme usw. Sie erklären den Mädchen, wie die *Afesip* ihnen helfen kann, und geben ihnen die Adressen der Zentren. Unsere Mitarbeiterinnen kennen das Milieu und wissen, wie sie sich zu verhalten haben. Sie führen auch Aufklärungskampagnen zum Thema Aids durch. Kranke bringen sie zu uns in die Klinik, die auf sexuell übertragbare Krankheiten spezialisiert ist. Bei uns wird die Behandlung kostenlos vorgenommen, während sie überall sonst ziemlich teuer ist und die Mädchen von oben herab behandelt werden. Ein Psychologe kümmert sich um die Patientinnen, und auch die Pflegerinnen sprechen mit ihnen, denn oft sind sie am Rand einer Depression. Sie glauben, ihr Leben sei vorüber. Da sie keine Jungfrauen mehr sind, könnten sie nicht mehr heiraten und kein normales Leben führen. Viele denken auch, sie könnten nicht nach Hause zurückkehren, weil man ihnen dort nur mit Verachtung begegnen würde. Sie fühlen sich dazu verdammt, so weiterzumachen wie bisher und irgendwie ihr Leben zu fristen, bis die Krankheit sie schließlich dahinrafft.

Wir legen großen Wert darauf, dass unsere Sponsoren die Betreuungszentren der *Afesip* besuchen. Vor ein paar Jahren kam Miguel Angel Cortes, Staatssekretär im spanischen Außenministerium, in Begleitung einer Delegation zu uns. Cortes hörte sich, mittels eines Dolmetschers, die Berichte einiger Mädchen an. Danach war er wie verwandelt. Er habe mich in Spanien reden gehört und auch Berichte über mich gelesen, doch was er da soeben aus dem Mund einer Betroffenen erfahren habe, sei unvorstellbar. Er war fassungslos.

Wir wollen, dass unsere Sponsoren sich engagieren, dass sie zu uns kommen – nicht in erster Linie, damit sie sehen, was wir mit ihrem Geld machen, sondern vielmehr, um die Bürde der Leiden dieser jungen Mädchen mitzutragen, um konkret ermessen zu können, wie sehr diejenigen, die aus der Bahn geworfen wurden und denen wir nun ins Leben zurückhelfen, unserer Solidarität und Liebe bedürfen. Manchmal kostet es mich einige Mühe, Sponsoren dazu zu bringen, unsere Organisation zu besuchen. Sie bleiben in ihren klimatisierten Büros sitzen, wälzen Aktenberge und haben keine Zeit. Ich versuche dann, ihnen klar zu machen, dass uns ihre moralische und menschliche Unterstützung genauso wichtig ist wie ihre finanzielle Hilfe, und dass die Mädchen auch als vollwertige Menschen anerkannt werden wollen. Bei manchen hat man den Eindruck, sie glauben, es genügt, Geld zu spenden. Damit sei die Sache erledigt. Wir sind jedoch auf den Blick von außen angewiesen, auf Hilfe und Kritik, auf aktive Teilnahme. Aktive Teilnahme: ein wichtiger Aspekt. Wir wollen mit unserer Arbeit Teil eines großen Ganzen sein, denn kein Problem, das wissen wir nur zu gut, lässt sich isoliert betrachten oder gar lösen. Die Unterstützung der anderen macht uns außerdem Mut. Wir müssen zudem noch ständig dazulernen. Die jährlichen Besuche der spanischen Organisation *Anesvad* sind sehr wertvoll für uns. Ihre Mitarbeiter beurteilen unsere Aktivitäten und machen nützliche Vorschläge. Nach diesen Besuchen fühlen wir uns gestärkt.

Der Überfall

BEREITS IM AUGUST 2004 WAREN uns Beschwerden über ein Hotel in Phnom Penh zu Ohren gekommen, in Wirklichkeit eines der größten Bordelle der Stadt. In diesem Etablissement wurden alle Arten von »Vergnügungen« angeboten, von denen uns unsere Scouts berichteten, die sich dort als potenzielle Kunden ausgegeben hatten. Wir sprachen mit den Mädchen, die zur Prostitution gezwungen wurden. Etwa zweihundert arbeiteten in dem Hotel, darunter etliche Minderjährige. Sogar Jungfrauen wurden angeboten.

Den kompletten Bericht hatten wir den Behörden im September 2004 übergeben. Nachdem er überprüft worden war, erhielten wir Anfang Dezember die Genehmigung, zusammen mit der Polizei eine Razzia durchzuführen. Es war auch ein Untersuchungsrichter abgestellt worden, um an der Aktion teilzunehmen. Schnelles Handeln war geboten, damit die Betroffenen vorher nicht Wind davon bekamen.

Am 8. Dezember 2004 fand die Razzia der Polizeieinheit zur Bekämpfung des Menschenhandels statt, bei der fast einhundert junge Mädchen befreit werden konnten. Wir verfolgten die Operation aus nächster Nähe. Einige

Mädchen flüchteten, doch zum Schluss blieben vierundachtzig, die wir bei uns aufnahmen. Acht Zuhälter wurden verhaftet. Acht der Mädchen willigten ein, Anzeige zu erstatten. Als ich unser Betreuungszentrum gegen zehn Uhr abends verließ, stand ein großer schwarzer Lexus vor der Tür, und zwei Zuhälter wollten ins Haus. Wir ließen sie aber nicht hinein, denn ihresgleichen ist der Zutritt zu unseren Einrichtungen strengstens untersagt.

Am nächsten Morgen ging ich zu den Mädchen, um mit ihnen zu reden. Man kann die jungen Prostituierten generell in zwei Gruppen einteilen: diejenigen, die auf der Stelle zurück ins Bordell wollen, und die anderen. Erstere haben oft hoch gestellte Persönlichkeiten unter ihren Stammkunden, sie werden gut behandelt, besitzen ein wenig Geld und möchten ihren Lebensstil nicht aufgeben. Mit ihren teuren Handys rufen sie panisch ihre Gönner an. Für eine gewisse Sorte Männer gehört es beinahe zum guten Ton, eine kleine Jungfrau oder ein junges Mädchen in einem Bordell auszuhalten und von Zeit zu Zeit zu besuchen (daneben haben sie noch eine »offizielle« Geliebte). In dem Milieu bringt man auf diese Art seine gesellschaftliche Stellung zum Ausdruck. Die legitimen Ehefrauen wissen Bescheid oder auch nicht, wobei es wohl eher selten vorkommt, dass sie gar nichts wissen. Sie haben keine Handhabe, sich an ihren Gatten zu rächen, deshalb beauftragen sie manchmal Mittelsmänner damit, den Mädchen Vitriol ins Gesicht zu schütten. Das ist ihre Art, Probleme zu lösen.

Nach dieser Razzia meldeten sich viele Leute telefonisch bei mir, um mich zu warnen: »Somaly, du legst dich mit hochrangigen Persönlichkeiten an, das wird nicht gut gehen!« Eine Mitarbeiterin der Leiterin der Polizeieinheit, die die Razzia durchgeführt hatte, rief mich weinend an und erzählte mir, ihre Chefin sitze gerade im Büro des obersten Polizeichefs, um ihre Kündigung entgegenzunehmen. Als sie vor drei Jahren den Posten in der Einheit zur Bekämpfung des Menschenhandels bekommen hatte, hatten alle gedacht, sie könne dort eine Menge Geld verdienen. Zuvor hatte sie eine viel versprechende Karriere als Offizierin in der Armee gemacht. Da ihr Mann Provinzgouverneur war, stand ihr ein Dienstwagen mit Chauffeur und allerlei anderer Luxus zur Verfügung. Ihr Weg schien vorgezeichnet zu sein. Dann aber nahm sie ihre Arbeit auf einmal ernst. Das Schicksal der Opfer ging ihr nahe, und sie willigte ein, uns beim Schreiben der Untersuchungsberichte zu helfen. Sie und ich wurden sogar Freundinnen. Sie wusste genau, dass sie sich Feinde machte, wenn sie Bestechungsgelder ablehnte, doch die Vorstellung, Geld von Männern zu nehmen, die Frauen vergewaltigten, erschien ihr unerträglich. Sie war sich darüber im Klaren, dass man sie früher oder später hinauswerfen würde.

Als ich ein paar Jahre zuvor einer vom Ministerium für Frauenfragen organisierten Konferenz ihre Bekanntschaft gemacht hatte, war der Funke zunächst noch nicht übergesprungen, denn sie besaß eine ziemlich schroffe Art. Ich hatte Daten zum Thema Prostitution zusammengetragen, die uns erlaubten, die Fluktuation der Mädchen statistisch wiederzugeben.

Sie sagte zu mir: »Interessant. Die Daten müssen Sie uns geben.«

»Augenblick mal. Wer sind Sie, wenn ich fragen darf?«

Unsere zweite Begegnung verlief auch nicht glücklicher. Dann aber erlebte ich sie bei der Arbeit. Mir fiel auf, dass sie ihre Sache sehr gut machte. Wir reisten zusammen in die Provinz, und ich empfand ihre Gesellschaft als angenehm. Sie ist sehr herzlich und bringt den Opfern aufrichtiges Mitgefühl entgegen. Ihre gute Erziehung verdankt sie ihren Eltern, die echte Buddhisten sind, so wie sie selbst auch. Sie trägt den Ehrentitel *lok chum tiev*, was in etwa »Exzellenz« bedeutet, denn sie ist ja mit einem Gouverneur verheiratet. Sie bildet sich aber überhaupt nichts auf diesen Titel ein und macht auch keinen Gebrauch davon. Bei uns heißt es, wenn ein General drei Sterne hat, dann besitzt seine Frau fünf. Allerdings fragte ich mich, was sie auf diesem Polizeiposten verloren hatte. Bei der Polizei zu arbeiten ist nie besonders erfreulich. Doch sie versuchte wirklich, etwas zu bewegen, obwohl sie kaum Geldmittel hatte und ihr nur wenige Mitarbeiter und Autos zur Verfügung standen, um die Mädchen abzuholen, die sich Hilfe suchend an sie wandten. Inzwischen stehen wir einander sehr nahe.

Eines Tages tauchte ein Zuhälter in ihrem Büro auf und legte zehntausend Dollar auf den Tisch.

Sie sagte zu ihm: »Wenn ich Sie so vor mir sehe und an all die Frauen denke, die misshandelt und brutal vergewaltigt werden ... Ich kann das nicht!«

Und dann ließ sie ihn auf der Stelle festnehmen, in ihrem Büro! Ich war stolz auf sie.

Und dieser Frau, der Leiterin der Einheit zur Bekämpfung des Menschenhandels, wurde gekündigt! Die Zuhälter, die man am Vortag festgenommen hatte, waren am Morgen bereits wieder freigelassen worden, wie ich von der Polizei erfuhr.

Gegen den Menschenhandel vorzugehen ist ungeheuer schwierig. Ich erhalte immer wieder Morddrohungen per Telefon. Wie kann man unter solchen Bedingungen arbeiten? Ich hoffe, den Menschen ist klar, was wir da tun: Jeden Tag riskieren wir unser Leben. Mitglieder unseres Teams werden verfolgt und bedroht. Diese Razzia war die wichtigste, die wir in den acht Jahren seit Gründung der *Afesip* durchgeführt haben. Sie war ein Schlag gegen die lokale Mafia, die mit hochrangigen Persönlichkeiten in Verbindung steht. Am nächsten Tag aber kam ein Anruf von der Polizei, und wir wurden aufgefordert, alle Mädchen gehen zu lassen. Erst organisieren die Behörden eine Razzia, dann fordern sie uns auf, die Mädchen wieder wegzuschicken, auch die Minderjährigen!

Das ist unser tägliches Elend. Wir sollen Mädchen, die misshandelt worden sind, wieder dorthin zurückkehren lassen, wo man sie misshandelt hat, wo man sie wie Sklavinnen hält, weil sie Geld bringen.

In unserer Regierung gibt es großartige Leute, die etwas verändern wollen, und andere, die gar nichts tun. Ich bin schrecklich enttäuscht von meinem Land. Als Nächstes werde ich versuchen, enge Mitarbeiter des Premierministers zu kontaktieren und um Hilfe zu bitten. Doch auch unsere Gegner verfügen über ein dichtes Netz an Beziehungen. Sie können große Summen hinblättern, während wir nur an das menschliche Gewissen appellieren.

Kurze Zeit später verschafften sich die Zuhälter gewaltsam Zutritt zu unserer Organisation. Sie brachen das Gitter auf, bedrohten die Mitarbeiter der *Afesip* und brachten die Mädchen mit Autos und Motorrädern fort. Sie überfielen unser Zentrum am hellichten Tag, bewaffnet, jeder konnte sie sehen. Was sollen wir ausrichten, wenn unsere Behörden sich blind stellen und es sogar Polizisten gibt, die sich darüber lustig machen, dass manche Kollegen dem Menschenhandel Einhalt gebieten wollen?

Diverse Botschafter raten mir, das Land zu verlassen, doch wie könnte ich unser Team in dieser gefährlichen Situation allein lassen? Ich muss einfach bleiben. Und ich werde bleiben.

Vor zwei oder drei Jahren habe ich den Polizisten wiedergesehen, der 1986 meine Freundin umgebracht hat. Was sollte ich tun? Ihn anzeigen? Ich habe keine Beweise, kann nichts gegen ihn ausrichten. Er hat die Macht. Ich möchte, dass alle erfahren, was passiert ist, denn morgen bin ich vielleicht nicht mehr am Leben. So wie die Dinge hier laufen, weiß man nicht, wer am nächsten Tag noch lebt. Doch die Weltöffentlichkeit soll erfahren, was in unserem Land vor sich geht.

Bei einem unserer Einsätze warfen uns die »kleinen« Zuhälter – diejenigen, die in den kleinen Bordellen arbeiten – vor, wir würden uns immer nur sie vorknöpfen und nie die großen Fische. »Wir Kleinen verlieren unsere Arbeit, und die Großen räkeln sich in der Sonne!« Sie hatten Recht. Daraufhin stellten wir Erkundigungen über eines der großen Etablissements an, und die Polizei führte eine Razzia durch. Die jungen Prostituierten mussten sich auf der einen Seite aufstellen, die Zuhälter auf der anderen. Wir wollten die Mädchen gerade zu unseren Autos bringen, als ich einen Telefonanruf erhielt: »Stoppt die Aktion. Verlasst das Bordell.« Die Zuhälter lachten sich ins Fäustchen. »Mit Geld erreicht man hier alles«, sagten sie. »Du bist doch nur eine kleine Schnüfflerin, ein Haufen Scheiße. Komm bloß nicht wieder!«

Am Tag des Überfalls auf unser Betreuungszentrum rief mich ein Mitarbeiter an und teilte mir mit, dass vor dem Tor Bewaffnete stünden, uniformierte Soldaten und Polizisten mit ihren Autos. Um 11.40 Uhr meldete sich meine Freundin, die bei der Polizei arbeitet, telefonisch bei mir: »Du musst nachgeben und die Mädchen freilassen! Dein Leben ist in Gefahr. Denk auch an deine Leute. Wir können nichts ausrichten. Siehst du, welche Macht sie haben?«

Um zwölf Uhr verschafften sich die Zuhälter mit Gewalt Zutritt. Ihr Anführer prügelte auf meine Mitarbeiter ein und drohte ihnen, sie umzubringen. Er fuchtelte mit seiner Pistole herum und rief: »Ihr seid nichts! Begreift endlich, dass in diesem Land allein das Geld regiert! Mit Geld kann man sogar Tote zum Tanzen bringen!« Die Zuhälter luden alle Mädchen in ihre Autos, die aus dem Hotel, aber auch diejenigen, die schon vorher bei uns gewohnt hatten. Insgesamt waren es einundneunzig. Ein Mädchen, das eine Woche zuvor aus einem Bordell in Prey Vang gekommen war, wo man es besonders schwer misshandelt hatte, konnte sich in der Toilette verstecken. Sie hörte gar nicht mehr auf zu weinen; der Albtraum schien kein Ende zu nehmen.

Ich selbst stand unter Schock. Um ehrlich zu sein, hatte ich nicht geglaubt, dass es so weit kommen könnte. Als ich zuvor mit den Mädchen gesprochen hatte, hatte sich herausgestellt, dass einige von ihnen nicht bei uns bleiben wollten und davon ausgingen, dass ihre Zuhälter sie holen kommen würden. Einen guten Teil des Vormittags verbrachte ich damit, die Eltern derjenigen Mädchen anzurufen, die nicht ins Bordell zurückwollten, um sie zu beruhigen.

Dann verständigte ich die amerikanische Botschaft. Pierre, der sich zu der Zeit in Laos aufhielt, rief die französische Botschaft an. Wir beurlaubten unser Team. Ich berief eine Versammlung ein und verkündete, wir müssten unsere Aktivitäten vorübergehend einstellen. Am nächsten Morgen, es war der 9. Dezember, meldeten sich einige der Mädchen, die wir aus dem Bordell befreit hatten, bei der Polizei und erstatteten Anzeige gegen uns: Angeblich hatten wir sie entführt. Sie selbst hätten das Tor aufgebrochen, um zu entkommen. Das war wirklich der Gipfel! Ein hochrangiger Vertreter der Polizei nutzte die Gelegenheit, um uns zu beschimpfen und anzuklagen. Die Lokalpresse folgte seinem Beispiel. Ein Journalist rief mich an und forderte hundert Dollar von mir, damit er seinen gegen uns gerichteten Artikel umschrieb!

Zwangsläufig unternahmen wir daraufhin erst einmal gar nichts. Doch der Druck ließ nicht nach. Ich weiß nicht, wie viele Leute aus dem Umfeld der Regierung und der Polizei mich anriefen und mir nahe legten, mich ruhig zu verhalten, mich nicht in fremde Angelegenheiten zu mischen. Sollte ich weiterhin denjenigen, die im Land das Sagen hätten, ins Handwerk pfuschen, würde man mich umbringen. Meine Kinder wurden ebenfalls bedroht. Wenn ich das Haus verließ, verfolgten mich Männer auf Motorrädern. Ich wurde in die französische Botschaft eingeladen und sogar vom Botschafter selbst empfangen. Das erstaunte mich, denn normalerweise beschützen uns die UNO und die Botschaft der Vereinigten Staaten, die beide für Fragen des Menschenhandels zuständig sind. Die Botschafter der großen europäischen Nationen trafen sich zu einer Sondersitzung, von der UNICEF kam hingegen keine Stellungnahme, obwohl der Kinderhilfsfonds der UNO zu unseren Geldgebern zählt. Alle drängten mich, das Land zu verlassen, doch ich weigerte mich. Die anderen Mitglieder unseres Teams waren ebenfalls in Gefahr, ich wollte sie nicht im Stich lassen. Ich war sogar bereit, für unsere Sache zu sterben, denn wenn man mich tötete, würden auf der Stelle viele neue Somalys mein Werk fortführen ...

Am Samstag, als ich eines unserer Betreuungszentren in der Provinz besuchte, folgte uns ein Wagen. Die Typen waren nicht besonders gefährlich: Zwei-, dreimal abbiegen, und schon hatten wir sie vor uns – wahrlich keine Profis. Am Sonntagabend veröffentlichte die Regierung ein interessanterweise nicht namentlich unterzeichnetes Kommuniqué, in dem es hieß, es sei alles unsere Schuld, wir hätten arbeitende Personen in Gewahrsam genommen usw. – wirklich ein niederträchtiges Dokument, aus dem man ersehen kann, dass die Zuhälter tatsächlich Einfluss in gewissen Regierungskreisen haben. Pierre berief eine Pressekonferenz in Bangkok ein und stellte vor der internationalen Presse die Fakten dar.

Unfähig, zu Hause zu bleiben, fuhr ich am Montag in das Dorf, in dem wir ein Betreuungszentrum für Kinder eingerichtet haben. Um kein Aufsehen zu erregen, brach ich um vier Uhr morgens auf. Ich war gerade dabei, mit den Kindern zu arbeiten, als ein Anruf von meinem Team kam: »Komm sofort zurück, sie wollen uns umbringen!« In panischer Angst versuchten nun alle, Visa zu bekommen, um das Land verlassen zu können. »Bleibt ganz ruhig«, sagte ich. »Unternehmt erst mal gar nichts.« Ein Mädchen, das bei uns arbeitete, hatte auf dem Markt zufällig mit angehört, wie sich sechs junge Männer über einen geplanten Anschlag auf unser Zentrum unterhielten – mit Handgranaten! Da wir niemanden haben, der uns beschützt, ist die Panik meiner Mitarbeiter nur zu verständlich. Als ich wieder zu Hause war, berief ich eine Versammlung ein und beruhigte sie: »Die werden uns jetzt nicht töten. Die wissen, dass die USA uns unterstützen. Es wäre wirklich dumm von ihnen, sich mit einer Supermacht anzulegen. Die sind nicht blöd. Die drohen uns und versuchen uns zu erschrecken, aber erst mal werden sie nichts unternehmen. Lasst uns also Ruhe bewahren und sie nicht provozieren. Allerdings werden wir Beschwerde gegen ihre Anschuldigungen einlegen. Unsere Anwälte kümmern sich darum.« Schlussendlich passierte gar nichts.

Die *Cambodia Daily* befragte unsere Nachbarn, wer das Tor aufgebrochen habe, und herauskam, dass die Zuhälter dafür verantwortlich waren. Seltsamerweise widerriefen die Zeugen jedoch einige Tage später ihre Aussagen!

Journalisten suchten das Hotel auf, aus dem wir die Mädchen befreit hatten, aber die Angestellten leugneten, dass es sich um ein Bordell handelte. Die Massagen? Ach was, das waren ganz normale Massagen, die von ganz normalen Masseusen durchgeführt wurden. Die vielen Kondome, die man bei der Razzia gefunden hatte? Die mussten von Gästen zurückgelassen worden sein … Anscheinend gibt es auch Journalisten, die bestechlich sind.

Wir werden den Prozess verlieren. Und weshalb? Weil wir es mit einem äußerst mächtigen Mann zu tun haben. Er hat überall im Land die Finger im Spiel, besitzt Geld und Waffen, verfügt über ausgezeichnete Beziehungen. Die Botschaften wissen genau, wer hinter alldem steckt. Es ist ein Teufel, den die Hölle ausgespuckt hat. Wer es ist, kann ich nicht sagen – sonst hätte ich morgen eine Kugel im Kopf. Denn damit würde ich die Grenze überschreiten, die Leben und Tod in diesem Land voneinander trennt.

Politik der kleinen Schritte

Nachts liege ich oft wach und kann nicht aufhören zu weinen. Ich brauche die Unterstützung derjenigen, die für die *Afesip* arbeiten. Die Ausländer sind nicht da, sie sind allesamt auf unterschiedlichen Missionen unterwegs. Als Kind wurde ich körperlich misshandelt, hatte überall Wunden und blaue Flecken. Heute erlebe ich eine seelische Form der Misshandlung. Die Drohungen, die auf mich niederprasseln, machen mir schon lange keine Angst mehr. Wenn aber meine Mitarbeiter bedroht werden, fühle ich mich verantwortlich; ihre Ängste stellen eine neue Belastung für mich dar. Wenn ich sterbe, bin ich meine Albträume endlich los. Doch wer führt dann mein Werk fort? Ich sage oft, wer bei uns arbeitet, muss verrückt sein. Man muss schon eine schreckliche Vergangenheit haben, um sich in eine so scheußliche, unerträgliche Gegenwart zu stürzen.

Was am meisten auf mir lastet, sind nicht so sehr die Einschüchterungsversuche dieser Verbrecher, sondern vielmehr ihre Wirkung auf das Team der *Afesip*, das bei jedem neuen Gerücht erzittert und seine Ängste auf mich überträgt. Meine Mitarbeiter erwarten von mir, dass ich sie tröste, sie beschütze, ruhig bleibe, doch das kann ich nicht, vor allem dann nicht, wenn ich mich von ihrer Panik anstecken lasse. Ich bin nicht stärker oder mutiger als andere, und ich weiß nicht, woher ich die Kraft nehmen soll, meinen Leuten Mut zu machen. Andererseits darf ich mich auch nicht allzu sehr gehen lassen, denn ich weiß, dass sie jeden Morgen kritisch mein Gesicht mustern, wenn ich ins Zentrum komme.

In der Vergangenheit hatte ich viel mehr Kraft, weil ich mit Mitgliedern der Regierung zusammenarbeitete, mit hoch gestellten Persönlichkeiten an der Spitze des Staates, mit Leuten, die für Menschenrechtsorganisationen tätig waren. Wer aber ruft mich heute an, um mir seine Unterstützung zuzusichern? Niemand mehr. Alle sind verschwunden. Sie wissen, dass man zwar schöne Reden halten kann, dass es aber Dinge gibt, an die man auf keinen Fall rühren darf. Diese neue Situation ist sehr anstrengend, manchmal fühle ich mich völlig ausgelaugt. Hat man jedoch erst einmal das ganze Ausmaß der Tragödie erfasst, fühlt man sich wieder gestärkt. Unmöglich, sich nicht zu wehren, selbst wenn man Niederlagen einstecken muss. Nun gilt es, erst recht weiterzukämpfen. Und genau das tue ich.

Ich würde diese hochrangigen Persönlichkeiten gern fragen, was sie täten, wenn man ihre Töchter vergewaltigt und gezwungen hätte, sich zu prostituieren? Die Antwort weiß ich im Voraus: Sie würden, ohne mit der Wimper zu zucken, die Schuldigen bestrafen, und zwar mit Hilfe von Leuten, die sie dafür bezahlen. Was aber sollen die Armen in einer solchen Situation tun? Für sie gibt es kein Gesetz, keine Gerechtigkeit. Macht ist alles, was zählt. Die Weltmächte und die internationalen Kommissionen begnügen sich damit, schöne Reden zu halten, und dann geben sie den ohnehin schon reichen Gangstern Geld, damit sie noch reicher werden. Gestern erhielt ich ein Fax vom Europäischen Parlament in Straßburg, in dem mir Unterstützung zugesagt wurde. Schön und gut, doch es ist unerlässlich, dass zusätzlich auch Druck ausgeübt wird. Ohne Druck passiert nämlich gar nichts. Europa überweist jedes Jahr Gelder an Kambodscha und fordert »Transparenz«. Und mit schöner Regelmäßigkeit verspricht die kambodschanische Regierung immer wieder aufs Neue, diese Forderung zu erfüllen. Doch wenn man Druck auf dieses Land ausüben will, muss man die finanziellen Zuwendungen an Bedingungen knüpfen; erst dann kann man sicher sein, dass die schriftlichen Erklärungen wenigstens ansatzweise erfüllt werden. Erst dann werden die Machthaber anfangen, sich Gedanken darüber zu machen, wo ihre Interessen langfristig liegen. Wenn sie zu spüren bekommen, wie viel ihre Prinzipienlosigkeit sie kostet, ändern sie vielleicht ihre Politik. Sie haben ja auch die Erklärungen unterzeichnet, in denen Kambodscha aufgefordert wird, gegen den Menschenhandel vorzugehen – allerdings nicht etwa, weil sie die darin ausgedrückten Gedanken gutheißen, sondern weil sie sich finanzielle Zuwendungen erhoffen. Ohne Sanktionen bleiben derartige Absichtserklärungen bloße Makulatur. Ich bin das letzte Glied in dieser Kette und kämpfe gegen die bewaffnete Übermacht an, die uns vernichten will, weil wir sie daran zu hindern versuchen, sich auf Kosten von Frauen und minderjährigen Mädchen zu bereichern …

Wir wollen auf internationaler Ebene Druck ausüben, weil wir im eigenen Land nicht stark genug sind, um wirksame Sanktionen gegen den Menschenhandel durchzusetzen. Wenn wir es nicht tun, wer soll es dann tun? Wer weiß denn schon, was in den Bordellen geschieht? Wer weiß, wie viele »Jungfrauen« angeboten werden, inklusive jener, die man im Schnellverfahren wieder zugenäht hat? Im Augenblick können wir diese riesigen Freudenhäuser nicht schließen, aber alle Welt weiß, dass sie existieren – und wir machen öffentlich, was dort vor sich geht. Eines Tages wird uns auch die Schließung gelingen, zumindest hoffen wir das. Einstweilen bemühen wir uns, den Übeltätern zuzusetzen. In meinem Land gelte ich als elende Nervensäge. Das bin ich auch, das ist meine Funktion, meine Rolle in dieser Gesellschaft. Ich nerve Gott und die Welt, indem ich das, was von den anderen verschwiegen wird, laut ausspreche.

Wir organisieren Seminare und Vortragsreihen zum Thema »Ausbeutung und Menschenhandel«. Interessierte finden sich immer. Einmal war ein Mann im Publikum, der große Reden schwang. Seine Spezialität war das Entjungfern – wir haben da so unsere Informanten. Dieser Mann stellte sich also hin und verkündete dreist, wie wichtig ihm der Kampf gegen den Menschenhandel sei! Es befanden sich aber auch Opfer unter den Zuhörern. Ein Mädchen stand auf und rief: »Du warst der Erste, der mich vergewaltigt hat! Soll ich deinen Körper genauer beschreiben, willst du Beweise?« Alle Anwesenden taten so, als hätten sie es nicht gehört.

Zuerst gelang es uns auch nicht, die kleinen Bordelle schließen zu lassen. Es fehlte uns an Erfahrung, die Zuhälter lachten uns einfach aus. Mit Fleiß und Beharrlichkeit kamen wir schließlich doch ans Ziel. Derzeit scheitern wir an den großen Bordellen – noch! Man darf sich nicht entmutigen lassen. Wir verfolgen eine Politik der kleinen Schritte. Wir verbringen viel Zeit damit, unsere Arbeit zu erklären, und lassen die Opfer zu Wort kommen. Seit neun Jahren sind wir nun tätig, doch erst seit drei Jahren beginnt die Zusammenarbeit mit der Polizei Früchte zu tragen. Wer die Welt verändern will, muss klein anfangen und darf sein Ziel nicht aus den Augen verlieren. Genau das ist mein Weg.

Die Menschenhändler verdienen eine Menge Geld. Ein Mädchen bringt ihnen pro Freier fünfzehn Dollar ein, pro Tag hat sie mindestens fünf Freier. Wer hundert Mädchen hat, die für ihn arbeiten, erwirtschaftet an die siebentausendfünfhundert Dollar pro Tag, also mehr als zweihunderttausend Dollar im Monat. Bei einem derartig hohen Einkommen ist es kein Wunder, dass sie jedermann bestechen können. Journalisten, die sich nicht bestechen lassen wollen, werden von diesen Leuten massiv bedroht.

Die meisten Mädchen schicken kein Geld nach Hause, weil ihre Familien sie für eine feste Summe verkauft haben. Nach ein paar Jahren, wenn die Mädchen ihre Frische und Anziehungskraft eingebüßt haben, werden sie entlassen. Da sie keinen anderen Beruf erlernt haben und keine Möglichkeit sehen, zu ihren Familien zurückzukehren, fangen sie an, sich unter freiem Himmel zu prostituieren, in den öffentlichen Parkanlagen. Ein Teller Reis für eine rasche Nummer! Sie können das Geld zwar für sich behalten, müssen aber einen jungen Burschen für ihren persönlichen Schutz bezahlen.

Andere, die in den Bordellen arbeiten, werden abends von ihren Zuhältern in die Parks geschickt.

Es gibt auch die so genannten »Orangen-Prostituierten«, die so heißen, weil sie Orangen auf der Straße verkaufen. Wenn es dunkel wird, erwirbt der Kunde eine Orange für fünfhundert Riel (etwa zehn Cent) und darf das Mädchen berühren. Zahlt er das Doppelte, darf er mit ihr schlafen. Manchmal werden diese Prostituierten von Banden überfallen und vergewaltigt – selbstverständlich ohne Bezahlung. Oft kommen die Typen völlig betrunken zu zehnt an. Plastiktütchen müssen als Kondome herhalten und liegen dann am Boden verstreut herum. Diese Mädchen sind völlig allein und fristen ihr Dasein unter äußerst gefährlichen Umständen. Andere werden von einem Zuhälter beschützt, kosten dafür jedoch mehr – ein, zwei oder auch drei Dollar.

Unsere Teams halten sich abends oft in den Parks auf. Natürlich können die Mädchen nicht selbst für ihre medizinische Versorgung aufkommen, aber sie haben unsere Telefonnummer. Wenn sie krank oder erschöpft sind, rufen sie uns an, und dann schicken wir ihnen einen Krankenwagen, der sie zu uns in die Klinik bringt. Dort können sie bis zu vierzehn Tage bleiben und sich behandeln lassen. Wir nutzen die Gelegenheit, um ihnen zu erklären, welche Rechte sie haben. Außerdem versuchen wir, ihnen begreiflich zu machen, dass sie etwas tun können, dass es einen Ausweg gibt, und vor allem, dass ihr Leben nicht zu Ende ist. Wenn sie das verstehen, schöpfen sie wieder Hoffnung und finden neue Kraft. Wir wollen ihnen das Gefühl geben, dass sie nicht allein sind. Sie wissen, dass ihre Zuhälter sie hinauswerfen, wenn sie krank werden – wir von der *Afesip* dagegen kümmern uns um sie. Die Mädchen spüren, dass wir ihnen helfen können.

Manche bleiben auf Distanz, erklären sich aber bereit, uns Informationen zu liefern und den Kontakt zu neu eingetroffenen Mädchen herzustellen. Auf diese

Weise können wir uns ein genaues Bild von der Situation sowohl in den Bordellen als auch auf der Straße machen. Manche Mädchen werden hinter Schloss und Riegel gehalten, da die Zuhälter ihnen nicht vertrauen. In solchen Fällen organisieren wir, in Zusammenarbeit mit der Polizei, Befreiungsaktionen. Für uns ist es wichtig, Daten zu sammeln und herauszufinden, wo die Zuhälter ihren »Nachschub« rekrutieren – zum Beispiel vor den Toren der neuen Textilfabriken –, und unsere Informationen mit denen der Polizei abzugleichen. Unsere Mitarbeiter begeben sich mindestens einmal pro Woche in die Bordelle. Die Zuhälter tauschen das »Personal« alle zwei bis drei Monate aus, um ihre Kunden mit »Neuzugängen« anzulocken. Wir bringen den Mädchen auch bei, wie sie am besten mit Betrunkenen oder Gewalttätigen umgehen, wie sie mit ihnen sprechen und sie beruhigen können, damit diese sie nicht misshandeln. Das ist meine Aufgabe, und ich würde mich ihr gern öfter widmen, schaffe es aus Zeitmangel aber leider nicht immer.

Wenn unsere Sozialarbeiterinnen die Daten gesammelt haben, finden sich unsere Scouts vor Ort ein, um die rechtliche Situation zu klären. Sie geben sich als Freier aus, reden stattdessen aber mit den Mädchen, stellen ihnen Fragen und zeichnen schließlich deren Aussagen auf. Sobald wir alle nötigen Informationen beisammen haben, gehen wir zur Polizei, damit man dort entscheiden kann, wie vorgegangen werden soll. Gegebenenfalls stellt die Polizei zusätzliche Nachforschungen an. Anschließend wendet sie sich an die Justiz, die einen Richter damit beauftragt, das Verfahren einzuleiten, und dann können wir endlich eine Befreiungsaktion vor Ort durchführen, bei der auch festgestellt wird, ob die Mädchen minderjährig sind, ob sie misshandelt wurden usw. Sofern nötig, stellen wir ihnen eine Unterbringungsmöglichkeit.

Von einer Befreiungsaktion sind jedoch nicht nur die Mädchen betroffen, die Anzeige erstatten. Ihre Zuhälter werden festgenommen, und dann wird ein Strafverfahren wegen illegaler Tätigkeit gegen sie eingeleitet. Dennoch war es bisher immer so, dass sie sofort wieder freigelassen wurden und das Verfahren im Sande verlief.

Die Mädchen, die zu uns kommen und von einem Psychologen und einem Arzt behandelt werden, haben fast alle irgendwelche Krankheiten. Bei zehn bis fünfzehn Freiern pro Tag und oft ungeschütztem Verkehr ist das kein Wunder. Sie benutzen zwar in der Regel Kondome, doch es gibt immer wieder Kunden, die sich weigern, und dagegen sind die Mädchen machtlos. Wenn sie solche Kunden abweisen würden, müssten sie mit Schlägen von ihren Zuhältern rechnen.

Wir haben außerdem eine spezielle Beraterin, die die jungen Prostituierten über ihre Rechte aufklärt. Meist haben sie davon nicht die geringste Ahnung, aber wen wundert das in einem Land wie Kambodscha? Unsere Beraterin ermutigt die Mädchen, ihre Rechte wahrzunehmen und Anzeige zu erstatten. Die Rechte des Einzelnen zu schützen ist gerade für die Zukunft von entscheidender Bedeutung. Den Opfern wird dadurch ein Gefühl von Sicherheit vermittelt, etwas, das sie vor langer Zeit eingebüßt haben.

Dann gibt es noch die Sozialarbeiter, die sich um alle sonstigen Probleme kümmern. Ziel ist es, die Mädchen zum Sprechen zu bringen, damit sie sich von der Last ihrer Probleme befreien können. Der Psychologe hat dafür nicht genügend Zeit. Er diagnostiziert die schweren Fälle, mehr kann er nicht tun. Mit den Mädchen zu reden erfordert viel Zeit und Aufmerksamkeit, zumal wir ja in einer Gesellschaft leben, in der Schweigen oberstes Gebot ist und die Tradition es verbietet, über persönliches Unglück zu sprechen. Nur die alten Frauen, die keinerlei familiäre Rücksichten mehr nehmen müssen, ergreifen zuweilen das Wort und erzählen einander, was ihnen widerfahren ist. Dabei werden zwar die Schuldigen beim Namen genannt, doch Folgen hat das keine. Unter dem Schutz der *Afesip* beginnen die Mädchen zu reden: Sie begreifen nicht, weshalb sie zu Opfern wurden, fühlen sich schlecht und halten sich für schuldig.

Anschließend kommen die Ausbildungsberaterinnen zum Zuge, vor allem in der zweiten Woche. Sie führen die Mädchen durch unsere Lehrwerkstätten und zeigen ihnen unsere Textilfabrik. Mädchen, die nicht von ihren Familien verkauft wurden, fragen wir, wo sie in Zukunft leben möchten. Für diese Entscheidung brauchen sie meist eine ganze Weile. Falls ein Mädchen zu seiner Familie zurückkehren möchte, werden Mitarbeiter unseres Teams dort vorstellig, befragen Nachbarn, erkunden die wirtschaftlichen Bedingungen, zum Beispiel, welche Möglichkeiten es gibt, ein Geschäft aufzuziehen.

Mädchen, die wieder im Bordell arbeiten wollen, klären wir über grundsätzliche Dinge wie Hygiene, Aids, ihre rechtliche Situation, Möglichkeiten der Selbstverteidigung usw. auf, damit sie lernen, sich in dem gewalttätigen Milieu zu behaupten. Handelt es sich jedoch um Dreizehn- oder Vierzehnjährige, verfahren wir anders: Wir bringen sie in unser Betreuungszentrum für

Minderjährige. Dort reden und spielen sie mit den anderen Kindern, und nach zwei Wochen wollen sie nicht mehr nach Phnom Penh zurück. Sie gehen mit ganz normalen Kindern zur Schule und führen, sofern ihr Gesundheitszustand es zulässt, bald wieder ein normales Leben.

Alle anderen Mädchen haben die Möglichkeit, eine unserer Lehrwerkstätten zu besuchen. Morgens absolvieren sie einige Kurse. Die meisten von ihnen sind Analphabetinnen. Wir bieten verschiedene Ausbildungszweige an: Schneiderin, Köchin, Friseurin. Als Friseurinnen bezeichnet man bei uns Frauen, die Bräute auf die Hochzeitszeremonie vorbereiten, die sie frisieren, ihnen beim Ankleiden helfen, sie schminken und schmücken. Ein einträgliches Geschäft, denn Hochzeiten sind wichtige Ereignisse, manchmal nur für zehn Personen, oft aber auch für ganze Hundertschaften von Gästen, mit Bankett, Musik, Mönchsgesängen ... Wer eine Ausbildung als Schneiderin macht, will sich später entweder auf dem Land niederlassen oder einfach nur in der Fabrik der *Afesip* arbeiten, um ein stattliches Gehalt von siebzig Dollar pro Monat zu verdienen, mehr als fünfzig Euro (ein Beamter verdient durchschnittlich zwanzig Dollar pro Monat).

Unabhängig von der Art der Ausbildung und der angestrebten beruflichen Tätigkeit bestehen wir darauf, dass alle Mädchen rechnen lernen.

Bei unseren Ausbilderinnen handelt es sich fast ausnahmslos um ehemalige Opfer, denn sie sind besonders geeignet, den Mädchen Mut zu machen und ihnen zu zeigen, dass man sich durch Arbeit aus einer ausweglos erscheinenden Lage befreien kann. Mädchen, die nicht allzu schwer misshandelt wurden, können innerhalb von zehn Monaten unabhängig werden. Die anderen, denen schlimmere Misshandlungen widerfahren sind, brauchen zwei Jahre, manchmal sogar noch länger.

Im Zentrum für die Rückführung junger Vietnamesinnen ist es ähnlich. Die jungen Mädchen bleiben dort zwischen drei Monaten und einem Jahr, manchmal auch länger, je nachdem, wann ihre Papiere eintreffen, die von den vietnamesischen Behörden ausgestellt werden. Während dieser Zeit besuchen sie Alphabetisierungskurse und werden von vietnamesischen Ex-Prostituierten im Nähen unterrichtet.

Die Minderjährigen gehen morgens zur Schule und machen nachmittags Handarbeiten wie Weben oder Korbflechten. Auch Gartenarbeit ist möglich – und überaus beliebt, denn dabei können die Mädchen beobachten, wie die von ihnen gesetzten Pflanzen gedeihen. Diverse ausländische Psychologen bieten zudem Musik- und Kunsttherapien an.

Haben die Mädchen schließlich das Alter von sechzehn Jahren erreicht, kehren sie nach Phnom Penh zurück. Einige beschließen, ihren Schulabschluss zu machen und dann eine Ausbildung zur Sekretärin oder im Computerbereich zu absolvieren. Andere bevorzugen eine zweijährige handwerkliche Ausbildung. Etliche Mädchen haben sich inzwischen in einträglichen Berufen etabliert. Sie sind für uns der Beweis, dass eine Wiedereingliederung in die Gesellschaft eben doch möglich ist, dass sie in der Lage sind, die Talsohle zu durchschreiten. Wenn sie wieder Fuß gefasst haben, lernen viele von ihnen einen Mann kennen, den sie schließlich heiraten. Im Allgemeinen verheimlichen sie ihre Vergangenheit nicht; einige Mädchen haben sogar bei uns geheiratet.

Wir bleiben in Kontakt und begleiten die Mädchen auf ihrem Weg. Zudem verschaffen wir ihnen die Mittel zur Existenzgründung – sei dies nun eine Nähmaschine oder ein Schwein –, und zwar in Form eines »Mikrokredits«, wie es in Kreisen der Nichtregierungsorganisationen heißt. Die Weiterbetreuung währt drei Jahre; so lange dauert es mindestens, bis man feststellen kann, ob eine solche Maßnahme erfolgreich verlaufen ist. Zuweilen greifen wir ein, helfen den jungen Frauen dabei, Rücklagen zu bilden, geben ihnen Impulse für Investitionen. Wir erstellen einen Sozialplan, einen Wirtschaftsplan, kümmern uns um ihre psychologische Betreuung. All diese Daten werden in unserem neuen Forschungszentrum gesammelt, das wir vor einem Jahr gegründet haben. Wissenschaftler sichten und analysieren unsere Hilfsangebote, wobei sie gleichzeitig versuchen, die Schwachpunkte herauszufinden. Das Zentrum ist international vernetzt und gestattet somit einen Datenabgleich mit anderen Ländern. Es werden wohl noch zwei Jahre vergehen, bevor eine seriöse Auswertung aller Daten möglich ist – für diese Dinge braucht man einen langen Atem. Wir haben eine Vereinbarung mit der Universidad Complutense in Madrid unterzeichnet, die uns unterstützen wird, indem sie Wissenschaftler für die Mitarbeit an spezifischen Projekten abstellt. All dies kann funktionieren, weil wir so umfangreiche Arbeit vor Ort leisten. Unsere Datensammlung verzeichnet derzeit dreitausend Opfer, die wieder eingegliedert werden. Dabei rechnen wir mit einer Misserfolgsquote von vierzig Prozent: Ein Teil der Mädchen wird in die Prostitution zurückkehren, andere werden an Aids sterben oder einfach verschwinden.

Für die *Afesip* arbeiten hundertfünfzig Leute, die meisten vor Ort. Uns fehlen Mitarbeiter, die Berichte verfassen können, wie sie von den Sponsoren und internationalen Organisationen gefordert werden. Das ist eine sehr spezielle Aufgabe! Und ich sehe es ja an mir selbst, immer wieder entschuldige ich mich dafür, dass ich mich nicht gewählt ausdrücken kann: »Ich weiß, wie man's macht, aber ich weiß nicht, wie ich's sagen soll!«

Ich kämpfe an allen Fronten: Ich muss den Drohungen der Prostitutions-Mafia widerstehen und die Ängste – meine eigenen und die meiner Mitarbeiter – überwinden, ich muss die Regierung dazu anhalten, untragbaren Praktiken einen Riegel vorzuschieben und die von ihr erlassenen Gesetze auch anzuwenden. Bei alldem bin ich ganz allein. Meine Freundinnen sind tot oder verschwunden. Ich bin keine gebildete Frau, habe kaum die Schule besucht, und vielleicht bin ich auch nicht besonders intelligent. Aber das ist mein Problem. Ich muss die Ruhe bewahren. Muss allen zuhören und Ratschläge erteilen, damit sie Kraft schöpfen und wieder auf sich selbst vertrauen. Ich hege die Hoffnung, dass die Wahrheit nicht auf Dauer verborgen bleiben kann und irgendwann für alle sichtbar sein wird. Ich mache keine Pläne für die Zukunft, sondern lebe Tag für Tag, Stunde für Stunde, Minute für Minute. Ich denke nicht darüber nach, was passieren könnte, wenn ich dieses Zimmer verlasse. Das Schicksal lauert dort draußen, im Dunkeln. Und ich kenne es nicht.

Ich schreibe dieses Buch aus mehreren Gründen. Zum einen wende ich mich damit an die Mädchen, die zur Prostitution gezwungen wurden. Ich will ihnen zeigen, dass es einen Ausweg gibt, dass man diesem Albtraum ein Ende setzen kann. Da die meisten von ihnen Analphabetinnen sind, hoffe ich, dass man ihnen von meinem Bericht erzählen wird. Zum anderen möchte ich Außenstehenden begreiflich machen, dass Zwangsprostitution das Leben der betroffenen Mädchen zerstört, dass sie für immer gezeichnet sind und die wenigsten von ihnen jemals wieder Freude empfinden werden können. Dieses Buch soll aber auch ein Appell an die Regierungen auf der ganzen Welt sein, sich im Kampf gegen die sexuelle Ausbeutung von Frauen und Kindern noch mehr zu engagieren. Opfer von Menschenhandel und Zwangsprostitution gibt es nicht nur in Kambodscha.

Ich gebe die Hoffnung nicht auf: Irgendwann kommt der Tag, an dem unsere Arbeit anerkannt wird.

Bisher haben meist unsere Gegner den Sieg davongetragen, doch auch wir haben einen Erfolg zu verzeichnen: Wir haben sie bloßgestellt. Das hat zuvor niemand gewagt. Wir haben sie aufgescheucht und verfolgt, wir haben bewiesen, dass sie nicht unangreifbar sind. Was für eine schreckliche Niederlage für diese arroganten Typen, die sich uns haushoch überlegen fühlen! Und es ist ein Zeichen, dass wir es weiter versuchen können, vielleicht mit noch größerem Erfolg: ein Signal für die ganze Welt. Meine Gegner sagen, ich hätte die Schnurrhaare des Tigers berührt, aber der Tiger schlafe nicht. Das werden wir ja sehen. Wenn es nach mir ginge, würde ich ihm die Schnurrhaare ausreißen.

Zwei authentische Berichte

Die Zustände in meinem Land, so wie ich sie tagtäglich erlebe, werden auf besonders drastische Weise anschaulich, wenn man Betroffene zu Wort kommen lässt. Die im Folgenden abgedruckten Berichte stammen von zwei jungen Kambodschanerinnen, die bereits als Kinder an Bordelle verkauft wurden. Ihre Geschichten sind stellvertretend für das Schicksal der dreitausend Mädchen, denen die *Afesip* geholfen hat.

»Ich heiße Srey Peuve und bin vierzehn Jahre alt. Meine Familie ist arm. Als ich acht war, ist eine Frau zu uns gekommen. Sie hat gesagt, ich soll in einem Haushalt arbeiten, um meiner Familie zu helfen, und hat mich mitgenommen. Ich war sehr glücklich, Geld für meine Familie verdienen zu können. Ich bin mit der Frau nach Phnom Penh gefahren. Dort wurde ich eingesperrt. Man hat von mir verlangt, mit Männern Sex zu haben. Meine Eltern hatten Geld dafür gekriegt – wie viel, weiß ich nicht.

Erst habe ich mich geweigert. Ich war die ganze Zeit eingesperrt, und meine Aufpasser haben mich geschlagen und mir nichts zu essen gegeben. Fast zwei Wochen habe ich durchgehalten. Ich wurde mit einem Gürtel oder einer Peitsche geschlagen und bekam Stromstöße. Irgendwann habe ich aufgegeben. Nach ein paar Tagen wurde ich an ein anderes Bordell verkauft. Ein Typ hat für fünf Tage im Voraus bezahlt. Er muss ungefähr dreißig Jahre alt gewesen sein. Er hat mich im Zimmer eingesperrt und mich verprügelt. Zwischendurch hat er mir was zu essen gebracht. In dem Bordell bin ich einen Monat geblieben. Dann hat man mich an ein drittes Bordell verkauft und wieder zugenäht, damit ich als ›Jungfrau‹ angeboten werden kann. Wenn ich mich geweigert habe, mit Freiern zu schlafen, wurde ich mit einer Peitsche oder mit Eisendraht geschlagen, ich bekam Stromstöße, ich wurde gefesselt, ich musste Urin trinken, oder man hat mir Skorpione oder Tausendfüßler auf die Haut gesetzt ... Auch meine Aufpasser haben mich vergewaltigt, wenn sie grad Lust dazu hatten.

Die dritte Puffmutter war nicht ganz so schlimm wie die anderen, aber wenn ich mich weigerte, musste ich Chilischoten essen. Ein paar Mal habe ich versucht wegzulaufen, aber sie haben mich immer wieder geschnappt und brutal bestraft. Es gab ungefähr zehn Aufpasser, die mich dauernd misshandelten.

Die Kunden waren auch sehr brutal. Es gab drei Mädchen, die waren erst elf oder zwölf Jahre alt und lebten genauso wie ich.«

»Ich heiße Chan Ry und wurde in dem Dorf Anlong Goman geboren, im Bezirk Koh Thom, in der Provinz Kandal. Eines Tages ist eine Frau zu meiner Mutter gekommen und hat gesagt, sie hat Arbeit für mich, und dann hat sie mich mitgenommen. Als wir in Phnom

Penh angekommen sind, hat sie mich in ein Zimmer gesperrt. In dem Haus gab es ungefähr zehn Mädchen, Khmer und Vietnamesinnen. Drei oder vier Wachen haben die Mädchen gezwungen, Freier zu empfangen. Jeden Tag musste ich mit zehn oder fünfzehn Männern schlafen, auch wenn ich krank war. Die Kunden waren Kambodschaner und Ausländer. Dann wurde ich weiterverkauft, zu welchem Preis, weiß ich nicht. Dreimal hat man mich ohne Betäubung wieder zugenäht. Manchmal sind gleich mehrere Freier auf einmal gekommen. In dem dritten Bordell gab es Mädchen, die älter waren, achtzehn oder neunzehn, es gab aber auch welche, die waren zwischen sechs und zehn Jahren. Meistens hatte ich am Tag ungefähr fünfzehn Freier. Ich war zwei Monate dort, dann ist die Polizei gekommen und hat mich mitgenommen.

Als ich in das erste Bordell kam, war ich erst sieben. Die Kunden wollten am liebsten kleine Mädchen, so wie mich. Normalerweise sollte ich mich ganz nackt ausziehen. Wenn ich mich geweigert habe, haben sie mir die Kleider vom Leib gerissen. Alle Freier sind böse, aber am schlimmsten sind die Kambodschaner. Die Europäer und Amerikaner verlangen alle möglichen grässlichen Dinge von uns, und wenn wir nicht gehorchen, verbrennen sie uns mit ihren Zigaretten.«

Anhang

Die Hilfsorganisation *Afesip*

Die *Afesip* (Agir pour les femmes en situation précaire; dt. Handeln für Frauen in Not) ist eine NGO, eine nichtstaatliche Organisation, von internationaler Reichweite, die in Kambodscha gegründet wurde; ihr Sitz ist in Frankreich. Die *Afesip* ist überparteilich und agiert unabhängig von ethnischer Zugehörigkeit oder Hautfarbe, von Sprache oder Herkunft.

Die *Afesip* bekämpft Ursachen und Folgen sexueller Ausbeutung. Ein spezielles Augenmerk liegt auf Kindern und Jugendlichen, da sie besonders gefährdet sind und leicht zur Prostitution gezwungen werden können.

Ziel der *Afesip* ist die Befreiung und die gesellschaftliche Wiedereingliederung der Betroffenen sowie die Bekämpfung des Menschenhandels.

Die *Afesip* in Südostasien

In **Kambodscha** unterstützt die Organisation junge Frauen, die in Not geraten sind, und hilft ihnen bei der sozialen und ökonomischen Wiedereingliederung. In Zusammenarbeit mit anderen internationalen Organisationen und Institutionen verteidigt und schützt die *Afesip* diese Frauen und kümmert sich um ihre medizinische Versorgung. Langfristiges Ziel ist es, die finanzielle Unabhängigkeit der Betroffenen dauerhaft zu gewährleisten.

In **Vietnam**, in der Gegend um Hô-Chi-Minh-Stadt, ist die *Afesip* auf ähnliche Weise aktiv, wobei ein Großteil der Arbeit der Aufklärung über die Risiken von Geschlechtskrankheiten und Aids dient.

In **Thailand** hat die Organisation ein Büro eröffnet, das sich in erster Linie um die Rückführung von Kindern und Jugendlichen aus Kambodscha, Laos und Vietnam kümmert, die zur Prostitution gezwungen wurden.

Die *Afesip* in Europa

Die *Afesip International* kümmert sich um die Koordination der *Afesip*-Aktivitäten in Südostasien (Kambodscha, Vietnam, Laos, Thailand), deckt neue Formen sexueller Ausbeutung in Europa auf und leitet deren juristische Einschätzung und Bewertung in die Wege. Zudem sensibilisiert sie die europäische Öffentlichkeit und Politik für die Ursachen und die Folgen sexueller Ausbeutung.

Weitere Tätigkeitsfelder sind:

- das Akquirieren und die Verwaltung von Spendengeldern auf internationaler Ebene,
- der Aufbau eines Netzes kompetenter Mitarbeiter, die dem Handel mit Menschen aus Osteuropa Einhalt gebieten sollen,
- die internationale Vernetzung der Zusammenarbeit regionaler Projektgruppen in Südostasien.

Die Aktivitäten der *Afesip Kambodscha*

Im Januar 1997 wurde in **Phnom Penh** ein Betreuungszentrum eröffnet, das seither mehr als achthundert junge

Zwangsprostituierte aufgenommen hat. Dort haben sie ein Dach über dem Kopf, bekommen zu essen und werden sowohl medizinisch als auch psychologisch betreut. Außerdem nehmen sie an Alphabetisierungskursen teil und erhalten eine Berufsausbildung, die ihnen helfen soll, Arbeit zu finden und finanziell unabhängig zu werden. Die berufliche Integration ist ein langer Prozess, der professionelle Unterstützung und Begleitung erfordert.

Im Dezember 1998 wurde in der Provinz **Kompong Cham** ein landwirtschaftliches Zentrum für Mädchen unter sechzehn Jahren eröffnet. Diese Einrichtung, die inmitten der Reisfelder in der Nähe des Mekong liegt, ermöglicht einen regulären Schulbesuch und eine Wiedereingliederung in das ländliche Milieu Kambodschas, dem die Mädchen entstammen.

In **Siem Reap** wurde Mitte 2001 ein Zentrum eröffnet, das erst wenige Opfer aufgenommen hat. In naher Zukunft wird es als eine Art Durchgangsheim fungieren und der Wiedereingliederung kambodschanischer und vietnamesischer Mädchen dienen, die im Ausland sexuell ausgebeutet wurden.

Zu den Aufgaben der *Afesip Kambodscha* zählen:

- die Sensibilisierung der Bevölkerung und der kambodschanischen Behörden für das Thema Menschenhandel sowie für die Gefahren von Geschlechtskrankheiten und Aids;
- Aufklärungskampagnen zum Thema Geschlechtskrankheiten in den Risikogruppen (Armeeangehörige, Polizisten, Studenten), wie zum Beispiel das Projekt SSPS (Société/Sexe/Prostitution/SIDA; dt. Gesellschaft/Sex/Prostitution/Aids), das *Afesip Kambodscha* mit Geldern des European Community Humanitarian Office initiieren konnte;
- die juristische Untersuchung und Verfolgung von Fällen, in denen Opfer von unmenschlicher, grausamer und erniedrigender Behandlung Anzeige erstattet haben;

- die Beratung von Prostituierten durch Sozialarbeiter (Aufklärung über Hygiene, Risiken bei ungeschütztem Geschlechtsverkehr, Information über ihre Rechte);
- die medizinische und psychologische Betreuung von Mädchen, die der Prostitution entkommen wollen und eine berufliche wie gesellschaftliche Wiedereingliederung anstreben. Während der Anfangsphase, in der es um die Bewältigung der Traumata geht, erstellen die Spezialisten des *Afesip*-Teams einen medizinischen wie psychologischen Heilplan, der eine individuelle Behandlung erlaubt; auch ist die Überweisung an Gynäkologen und andere Fachärzte möglich;
- die Berufsausbildung der Opfer (Schneiderei, Friseurhandwerk, Gaststättengewerbe), je nach persönlichem Interesse; außerdem werden Kurse in Khmer und Rechnen angeboten;
- die Resozialisierung der Mädchen, das heißt ihre psychologische Vorbereitung auf diesen Schritt, die Sondierung des Umfelds sowie der konkreten Bedingungen für die Wiedereingliederung (Arbeitsplatz, Unterbringung, familiäre Beziehungen, Gewährung von Krediten);
- die Begleitung der jungen Frauen während ihrer beruflichen und persönlichen Wiedereingliederung über einen möglichst langen Zeitraum.

Einige Projekte von *Afesip Kambodscha* sind finanziell unabhängig:

- das dem Zentrum in Phnom Penh angeschlossene Restaurant, das bereits Gewinne abwirft, die wiederum in die Schaffung neuer Arbeitsplätze investiert werden;
- zwei Friseursalons, von denen einer der Ausbildung dient.

Überschüsse aus der landwirtschaftlichen und handwerklichen Produktion kommen der Bevölkerung von Phnom Penh zugute.

Die Aktivitäten von *Afesip International*

Die *Afesip International* betätigt sich in folgenden Bereichen:

- internationale Presse- und Öffentlichkeitsarbeit: Pflege der Website der Organisation (www.afesip.org), Kontakte zu den internationalen Printmedien sowie zu Fernseh- und Radiostationen; bislang haben Sender aus Frankreich, den USA, Italien, England, Spanien, den Niederlanden, Deutschland, Japan und der Schweiz über die *Afesip* berichtet;
- Verwaltung und Konsolidierung der finanziellen Mittel der *Afesip* (u. a. für ein auf drei Jahre angelegtes, regionales Projekt im südostasiatischen Raum);
- Entwicklung der Zusammenarbeit mit anderen Nichtregierungsorganisationen in Südostasien (Informationsaustausch auf regionaler Ebene zwischen diversen Projektgruppen, die sich um in Not geratene Frauen kümmern und für den Schutz Minderjähriger eintreten);
- Gründung einer interdisziplinären Arbeitsgruppe, die sich mit dem Thema Sklaverei befasst (zeitgenössische Anthropologie der sexuellen Ausbeutung, die Geschichte des Menschenhandels in der Moderne), sowie Mithilfe bei der Ausarbeitung der Erklärung des Ersten Weltkongresses gegen kommerzielle sexuelle Ausbeutung von Kindern 1996 in Stockholm;
- Aufbau eines internationalen Netzwerks von Spezialisten zum Thema Menschenhandel, mit dem Ziel, Informationen auszutauschen und innovative Lösungen für den Kampf gegen den Handel mit jungen Frauen aus Osteuropa zu erarbeiten.

Die Akteure der *Afesip*

Somaly Mam, die Gründungspräsidentin von *Afesip International*, ist seit langem mit Aufklärungskampagnen speziell für Risikogruppen zum Thema Aids und Geschlechtskrankheiten befasst. Vor dem Hintergrund ihrer persönlichen Erfahrungen richtete sie ein Betreuungszentrum für junge Mädchen ein, die Opfer sexueller Ausbeutung geworden sind.

Derzeit ist Somaly Mam Vorsitzende der ECPAT Kambodscha (End Child Prostitution, Child Pornography and Trafficking of Children for Sexual Purposes) sowie der WCCO (Women's Confederation of Cambodian Organizations), eines Zusammenschlusses von mehr als fünfzig regional tätigen NGOs. Außerdem gehört sie dem Vorstand der ACWO an (ASEAN Confederation of Women's Organizations).

Die *Afesip Kambodscha* hat zweiundsiebzig Mitarbeiter.

Das Betreuungszentrum in Phnom Penh wird von einem aus fünf Experten bestehenden Team geleitet: Somaly Mam, eine Psychologin, ein Biologe, ein technischer Koordinator und eine Verwaltungskraft.

Ehemalige Prostituierte, von denen einige HIV-positiv sind, helfen bei der Durchführung der Aufklärungskampagnen zum Thema Aids und andere sexuell übertragbare Krankheiten.

Der Leiter des Scout-Teams ist Spezialist für das Thema Menschenhandel und vertritt Kambodscha in verschiedenen internationalen Komitees.

Die Angestellten im internationalen Büro gehören unterschiedlichen Berufsgruppen an, haben jedoch allesamt Erfahrung mit der Arbeit im humanitären Bereich.

Die *Afesip International* ist eine Organisation nach dem französischen Recht von 1901 und unter der Nummer 2/20642 bei der Präfektur Alpes-Maritimes registriert. Sie hat mehr als sechshundert Mitglieder, darunter 541 europäische und 99 amerikanische Förderer.

Die Partner der *Afesip*

Die Aktivitäten der *Afesip* werden durch private Spenden und durch die finanzielle und technische Unterstützung mehrerer Organisationen sowie nationaler und internationaler Institutionen ermöglicht. Dazu gehören:

- die kambodschanischen Ministerien für Arbeit und für Soziales;
- die folgenden UNO-Organisationen: UNICEF, BIT/IPEC, OMS, UNHCHR, PAM;
- die Europäische Union (ECHO), SCF-UK, die belgische und die französische Botschaft in Kambodscha, SKN, Anesvad, PADEKC, CCFD, SOS Enfants des Hommes/Neukaledonien, Dotations Nord-Sud, AMHE u. a.

Afesip Fair Fashion: Fairer Handel

Ziel von *Afesip Fair Fashion* ist die gesellschaftliche Wiedereingliederung und die wirtschaftliche Förderung von jungen Frauen, die Opfer von Prostitution oder anderen Formen sexueller Versklavung geworden sind.

Afesip Fair Fashion hat einen eigenen ethischen Kodex auf der Basis des fairen Handels entwickelt. Es werden angemessene Löhne im Rahmen der örtlichen Bedingungen garantiert, des Weiteren gleiche Rechte für alle Arbeitnehmer, hygienisch einwandfreie und gesundheitlich unbedenkliche Arbeitsbedingungen sowie im Bedarfsfall technische Hilfe und soziale Unterstützung. Darüber hinaus werden die betroffenen Mädchen und jungen Frauen in die Entscheidungsprozesse innerhalb der *Afesip Fair Fashion* eingebunden.

Afesip heute

Die *Afesip* wächst auch weiterhin. Nach Kambodscha, Vietnam und Thailand haben wir nun auch in Laos ein Büro eröffnet. Was Birma und Malaysia angeht, warten wir noch.

Doch trotz der weltweit zunehmenden Anerkennung mussten wir mangels Subventionen einige unserer Aktivitäten einstellen.

2005 musste das kambodschanische Zentrum für Wiedereingliederung seine Pforten schließen. Dort lernten junge Vietnamesinnen vor der Rückkehr in ihr Heimatland lesen und schreiben. Wir müssen dieses Zentrum wiedereröffnen, da immer mehr Mädchen in ein anderes Land gebracht werden.

Im Dezember 2005 musste das der *Afesip* angeschlossene Restaurant, in dem fünfzehn ehemalige Opfer beschäftigt waren, aus Geldmangel geschlossen werden. Einige der Mädchen arbeiten inzwischen als Küchenhilfe im Betreuungszentrum oder helfen im Zentrum für Wiedereingliederung aus. Andere dagegen haben sich zu einer Berufsausbildung entschlossen. Wir müssen ein neues Lokal anmieten, um das Restaurant wiedereröffnen zu können.

Ende 2005 wurde den Angestellten der *Afesip* drei Monate lang kein Gehalt ausbezahlt. Dennoch arbeiteten sie weiter. Inzwischen bekommen sie wieder ein Gehalt, wovon sie 30% als Hilfe für die Opfer abgeben.

In Vietnam reicht die Kapazität des Betreuungszentrums in Ho Chi Minh-Stadt nicht mehr aus, da immer mehr jüngere Opfer aufgenommen werden müssen. Hier muss ein neues Zentrum gefunden werden.

Die Wiedereingliederung der Opfer ist in jedem Falle eine kostspielige Angelegenheit. Drei Jahre lang werden sie von Mitgliedern der *Afesip* und von Ärzten begleitet. Da es in Kambodscha keine Sozialversicherung gibt, wird *Afesip* regelmäßig angehalten, die medizinischen Kosten der ehemaligen Opfer, aber auch ihrer Familien zu übernehmen, da diese nur so ihr Gleichgewicht wiederfinden können. Die Behandlungskosten sind gestiegen. Ein Beispiel: Im Dezember 2005 kam *Afesip* für den chirurgischen Eingriff an einem ehemaligen Opfer in Höhe von 1200 Dollar auf.

Viele Opfer sexueller Ausbeutung sind überdies drogenabhängig. Der *Afesip* fehlt es an finanziellen wie logistischen Mitteln, um sie zu behandeln.

Es bleibt noch viel zu tun. Doch dank Ihrer Unterstützung wird *Afesip* die Arbeit fortsetzen und kontinuierlich ausdehnen.

Sie können die Arbeit von *Afesip* unterstützen, indem Sie Ihre Spendenzahlung an folgende Adresse richten:

AFESIP France
27 rue Lacépède
13004 Marseille

oder per Banküberweisung:

Name des Empfängers: A.F.E.S.I.P.
Sitz: Agence Société Générale, Marseille Vieux Port (02020)
Identifikationsdaten:
Bank (Banque): 300 03
BLZ (Agence): 013 97
Kontonummer: 00 037 260 516
Schlüssel: 34
IBAN: FR 76 30003 01397 00037260516 34
BIC/Swift-Code: SOGEFRPP

März 2006

Eine nützliche Adresse:

AFESIP International
#23, Street 315, Sangkhat Beoung Kak1,
Khan Tuol Kork
Phnom Penh
Kingdom of Cambodia
Tel. / Fax: (8 55) 23 88 41 23
Email: somaly.man@afesip.org
Website: www.afesip.org

Danksagung

Ich danke allen, die mir geholfen haben und die die Arbeit der *Afesip*, in welcher Form auch immer, unterstützen.